後期日中戦争　華北戦線

太平洋戦争下の中国戦線II

広中一成

角川新書

はじめに

まずは、日中戦争を戦い抜いたふたりの元日本兵の証言に耳をかたむけよう。

凄惨きわまる戦争犯罪の記憶

(1) 鈴木《すずき》良雄《よしお》(独立混成第一〇旅団独立歩兵第四三大隊)

一九四一年九月、独立歩兵第四三大隊が(山東《さんとう》省―引用者注)莱蕪《らいぶ》県《けん》地区を討伐したときのことだった。(引用者中略)

突然、「部落掃蕩《そうとう》、火をつけろ」という大隊長中佐山内《やまのうち》静雄《しずお》の命令が伝わるや、道端や畑の中で、小銃を抱いたままごろんと横になっていた兵隊たちは、いっせいに立ちあがった。彼らは、昨夜一晩じゅう歩き回った疲れなど忘れてしまったかのように、血刀をさげ、銃剣をきらめかして、われ先にと部落に襲いかかって行った。

数分前まで、なにごともなく和《なご》やかだった部落に、日本兵の怒声がひびく。塀や扉を叩き壊す音。けたたましく鳴きたてる鶏の声。荷物を背負って山に退避する人びとの群れ……。村には大混乱が巻きおこった。

そのとき部落の中央の家から真っ赤な炎が燃えあがり、つづいて二ヵ所、三ヵ所。炎と黒煙は龍巻きのように燃えあがり、猛火は家々を包み、部落全体は一瞬にして火の海と化してしまった。バチバチ、バチバチ、バチバチ、高粱殻《コウリヤン》や木の節がはねる音。人を射ち殺す銃声。女や子供たちの救いを求める悲鳴。阿鼻叫喚《あびきようかん》は怒りとなって、周《まわ》りの山々をふるわせ、静かだった村、美しかった村はたちまちにしてこの世の生地獄《いきじごく》と変わってしまった。一〇〇戸あまりの家が一軒残らず焼き払われ、逃げおくれた婦人や子供、老人や病人、数十人の人たちが、家もろともに焼き殺され、あるいは刺し殺されてしまった。(「放火―母子もろとも農家を焼く―」、『侵略』所収)

(2) 石田《いしだ》幹雄《みきお》(第五九師団歩兵第五四旅団独立歩兵第一一〇大隊)

中国に初年兵として上陸以来、いまだ半年にも満たないのに、私は擲弾筒手《てきだんとうしゅ》として、四回もの「討伐《とうばつ》」行動に加わっていた。戦闘をやることよりも、行く先々の農家に踏みこんで牛、豚、鶏を殺して、腰かけ、または農具等、ときによっては棺桶《かんおけ》までも焚《た》き物にして、かき集めた油や粉で「野戦料理」をこしらえて食うのが「討伐」だと思うようになっていった。

古年兵たちは「『討伐』に行けば酒も女もついてまわるし、賭博の〝もとで〟も転がっているもんだ、員数《いんずう》（生命の意）さえ飛ばぬように気をつけりゃ、討伐様々だ」と口癖のように言っていた。（引用者中略）

田島《たじま》少尉の命令で、思い思いの獲物を求め蜘蛛《くも》の子を散らすように門を潜る兵隊に混じって、山口《やまぐち》上等兵と分かれた私は、さんざんあっちこっちひっかきまわしたあげく、誰もいないと思って西端の家に入ると、そこには意外にも色白の美しい女の姿を見てビックリしたのであるが、次の瞬間、けだもののような情欲がはげしく燃えあがってきたのだった。

日本のためにならない匪賊《ひぞく》を退治するのが戦争だと学校の先生も、お役人も、坊さんもそう教えた。私はお国のために尽くせる兵隊となって戦地に渡った。だが、私が旗の波と歓呼に送られ、訳もなく心で泣いて国を出てから、なにをしていたか？　父母も、私の友だちもほんとうのことは知らなかったであろう。……私は中国に渡ってから、まったく戦争というものの虜《とりこ》となって、目先が見えなくなり、銃剣を持っているがゆえに、なにも持たぬ中国の人たちを思うままにできることに有頂天《うちょうてん》となっていた。なんの抵抗の意志もなく、野良仕事をしている百姓を射ち殺し、百姓の家を焼き払い、婦人を蹂躙《じゅうりん》して喜んでいた。(「強姦《ごうかん》—赤ん坊を殺し母親を犯す—」、『新編三光　第1集』所収)

一九四二年二月、中国・山東省で独立混成第一〇旅団を基幹にして編成された第五九師団は、華北を転戦した後、朝鮮半島の咸鏡南道咸興《ハムギョンナムドハムフン》で終戦を迎える。すぐさまソ連軍に武装解除され、シベリアへ送られた。そこで尋問を受け、戦犯容疑とされた者は、中国の撫順《ぶじゅん》戦犯管理所に移送されたのだ。

同所に収容された戦犯容疑者はおよそ一〇〇〇人。このうち、特に罪が重く有罪判決を受けた者は三六人。残りは五六年の六月から八月にかけて釈放される。帰国した彼らの一部は、中国帰還者連絡会、通称中帰連《ちゅうきれん》を結成し、「日中友好」の一環として、それぞれが中国でおかした戦争犯罪を公表していく。冒頭であげた二つの証言もそれだ。

戦場では戦争犯罪が容易に起きる

終戦時、中国戦線に残っていた日本軍将兵の総数はおよそ一〇五万人。そのなかには、戦争犯罪に手を染めた者が数多くいた。撫順の戦犯容疑者はどのようにして選ばれたのか。現代史家の秦郁彦《はたいくひこ》は、次のように分析する。

撫順戦犯たちがソ連から中国へ引き渡されたのは、朝鮮戦争（一九五〇―五三）勃発直後の五〇年七月であった。満州からシベリアへ連行された約六〇万人の日本兵捕虜の大多数はその前に帰国し、残っていた約二五〇〇人のなかから九六九人が中国向けに選定されたのだが、中国から申し入れたのか、ソ連側が押しつけたのかは両説あってはっきりしない。（引用者中略）

名簿と罪状調書もついていたとはいえ、軍人（約七五パーセント）は将官、佐官から下は一等兵まで階級がばらばら、それも第三九師団と第五九師団だけで六割を占めるなど、思いつきで選んだとしか思えない構成になっていた（「『世界』が持ち上げる『撫順戦犯裁判』認罪書の読みかた」、『諸君！』平成一〇年八月号所収）

第三九師団は、第三〇軍の隷下の部隊として終戦時満洲《まんしゅう》に駐屯《ちゅうとん》しており、侵攻してきたソ連軍の武装解除を受け、第五九師団と同様、将兵の多くがシベリアへ抑留される。

福岡大学教授の大澤武司《おおさわたけし》（所属と職階は当時。以下同）『毛沢東《もうたくとう》の対日戦犯裁判』によると、もともと、中国共産党（以下、中共）は一貫して日本人戦犯を裁くことを考えていた。しかし、国民の敵意が日本よりも国共内戦を戦った中国国民党（以下、国民党）側にあり、また建国したばかりの中華人民共和国では裁判制度が充分に整備されていなかったことなどから、戦犯を裁く機会をつかめずにいた。

一九五〇年一月、中国の指導者毛沢東は、中ソ友好同盟相互援助条約を結ぶためにソ連の首都モスクワを訪れる。その際、帰国していた駐華ソ連大使のロージンから日本人戦犯の話題が持ちかけられた。これをきっかけに「中国人民に対する罪」を犯したとされる戦犯の中国への引き渡しの話が進み、七月一八日、ソ連国境沿いの黒龍江《こくりゅうこう》省綏芬河《すいふんが》で実現する。けれども、ソ連がいかなる基準で戦犯容疑者を選んだかについては、大澤も不明だという。

選考方法はともかく、戦犯容疑者は、いったいどのようにして敵だった中国側に自らがおかした罪を告白したのだろうか。

この点についても秦が詳しい。それによると、撫順戦犯管理所では戦犯容疑者に対し、三段階の教育プログラムを強いた。まず、マルクス主義史観や毛沢東思想を学ばせる「反省学習」を行う。これにより、戦犯が罪を認める決心がつくと、「罪行《ざいこう》自白（坦白《タンパイ》）」の段階に移って自白させた。最後にどうしても罪を認めない者は、認罪済みの容疑者らによる責めたてにあい、頃合いをみてソ連側の調査官による尋問を受けさせる。容疑者らは、戦場での行動が罪ではないと思っていても、「罪」と認めないといけない状況に追いこまれていく。

この取り組みはすぐに効果を発揮し、早くも五一年元旦《がんたん》には、罪を自白する者が現れる。さらに、五四年四月、元第三九師団中尉の宮崎弘《みやざきひろし》が、管理所の指示で全容疑者に向けてスピーカーを通して自白をすると、すぐさま「認罪運動」が巻き起こり、次々と容疑者らが認罪していった。その状況下にあっても罪を認めない将官らも、かつて部下だった容疑者らの執拗《しつよう》なつるし上げと、苛酷《かこく》な尋問を受けて「罪」を認めたのだ。

秦は、戦犯容疑者の供述書や戦後の回想には事実の誤認や誇張が含まれていることを指摘し、「どうやら撫順の供述書は、真偽、虚実が混交して見分けのつきにくい代物と言ってよさそうだ」と結論づけた。

なお、認罪問題に詳しい明治学院大学教授の張宏波《チャンホンボ》は、「新中国で戦犯となった日本人の加害認識―供述書と回想録との落差を通じて」(『戦争と軍隊の政治社会史』所収)のなかで、戦犯裁判の尋問を担当した中国最高人民検察院東北工作団は、調査の結果、裏づけのとれなかった犯罪事実は自白があっても採用しなかったと述べている。

撫順戦犯管理所という特殊な環境のなか、やはり特殊な教育プログラムをへて発せられた証言に嘘や誇張がまったくなかったとは思われない。また、帰国後の証言についても同様で、正しいかどうかは関連史料による検証が必要となろう。

だが、二〇二二年二月に発生したロシア軍によるウクライナ侵攻では、住民や捕虜への虐待など戦争犯罪がいくつも発生した。戦場では極限状態に置かれた将兵による戦争犯罪が容易に起こる。日中戦争でもそれは変わらない。たとえ、戦犯容疑者の証言に細かなまちがいがあったとしても、戦争犯罪自体があったことを否定することはできないだろう。

世界で戦火の止まない今日、愚かな過ちを二度と起こさないためにも、過去に我々がおかした「罪」を認め、加害国として日中戦争の歴史に真摯《しんし》に目を向けることは決して無駄ではない。

日中戦争は二国間だけの戦争ではない

本書は二〇二一年に角川新書から刊行された拙著『後期日中戦争―太平洋戦争下の中国戦線』（以下、前書）の続編だ。日中戦争は、盧溝橋《ろこうきょう》事件が発生した一九三七年七月から、終戦を迎えた四五年八月まで続く。その途中の四一年一二月には太平洋戦争が開戦し、アジア太平洋戦争（当時の日本側呼称は大東亜《だいとうあ》戦争）へと拡大する。八年間にわたった日中戦争は、アジア太平洋戦争期に入ると、それまでと様相が一変していく。「後期日中戦争」とは、その変化した日中戦争後半部分を指す筆者の造語だ。

盧溝橋事件以後、連日の戦争報道で一喜《いっき》一憂《いちゆう》する日本国民の日中戦争への関心は、真珠湾《しんじゅわん》攻撃が始まると、一気に太平洋戦争へと向く。その影響は八〇年以上たった今日にまで及ぶ。

ちまたにある、太平洋戦争を取りあげた書籍をご覧いただきたい。そのなかでどの程度日中戦争のことが論じられているか。決して多くはないだろう。アジア太平洋戦争は、太平洋だけでなく、東アジアも巻き込んだ大規模な戦いであったにもかかわらずだ。

また、太平洋戦争の最中《さなか》に中国では何が起きていたのか詳しく説明できる日本人がどれだけいるだろうか。おそらく、学校の歴史の授業では詳しく教えられていないだろうし、知識があったとしたら、それはもともとその歴史に興味があり、自ら進んで勉強したからであろう。私たちの多くはいまだに「後期日中戦争」を知らないのだ。

前書は以上のような問題意識のもと、中国戦線の、特に華中戦線に着目し、戦場を戦い抜いた名古屋第三師団の足跡をたどりながら、これまで関心の向けられなかった「後期日中戦争」の実像に迫った。

本書は、この前書の成果をふまえつつ、新たに視点を華北戦線に向け、そこでどのように「後期日中戦争」が繰り広げられたか検討する。

日中戦争における華北戦線の研究は、華中戦線のそれと比べて盛んだ。これは、華北戦線での日本軍の主要な敵が八路軍という、後に中国を統一した中共が率いた軍隊だったことから、研究者の関心が華中戦線よりも集まったからではないか。また、戦後中共が華北戦線での抗日戦の歴史を示すため、大量の関連文献や関係者の回想録を刊行したことで、史料の充実が図られたことも要因のひとつに挙げられよう。

このテーマに関する研究は、日本や中国はもとより、欧米にも数多く存在する。それらをひとつひとつ紹介する紙幅はないため、ここでは近年の日本における代表的な研究のみごく簡単に取り上げる。

たとえば、中央大学教授の斎藤道彦《さいとうみちひこ》を中心とする中央大人文科学研究所の民国史研究チームは、研究成果を『日中戦争』（中央大学出版部、一九九三年）として刊行した。そのなかで、同大教授の姫田光義《ひめたみつよし》は、「日本軍による『三光《さんこう》政策・三光作戦』をめぐって」を発表し、日本軍が華北戦線で実行したいわゆる三光作戦、および無人区についてその実態と、その後に起きた責任問題について言及している。

三光作戦とは、日本軍が華北戦線で八路軍の遊撃戦（ゲリラ戦）に対抗するために実施した粛正作戦（掃討戦とその後の治安回復を含む一連の戦闘行為）を指す中国側の呼称だ。三光とは、「焼光《シアオクアン》」（焼きつくす）・「殺光《シャークアン》」（殺しつくす）・「搶光《チアンクアン》」（奪いつくす）という中国語である。これらのことばは、粛正作戦がいかに凄《すさ》まじかったかを端的に表していた。本書冒頭に掲げたふたつの証言は、どちらも三光作戦の実態を示している。

もうひとつの無人区とは、八路軍に遊撃戦をさせないようにするため、彼らの拠点となっていた地域から住民を強制的に追い出し、無人となった集落を焼き払って無力化されたところをいう。この場合も、日本軍が反抗する住民を殺害したり、彼らの財産を奪ったりしており、三光作戦のひとつとして数えることもできる。

一方、斎藤も同書で「日本軍毒ガス作戦日誌初稿―一九三七、三八年を中心に―」をまとめ、中国側史料を使って、日本軍がいつどこの戦場で毒ガス兵器を使用したか明らかにした。すでに前書でも述べたとおり、毒ガスは戦前より国際条約で戦場での使用が禁止されている。しかし、日本はその条約を批准していないなどの理由で、それを使うことを暗に認めていたのだ。

波多野澄雄《はたのすみお》・戸部良一《とべりょういち》編『日中戦争の国際共同研究2　日中戦争の軍事的展開』（慶應義塾大学出版会、二〇〇六年）は、二〇〇〇年一月、アメリカ・ハーヴァード大学教授のエズラ・ヴォーゲルの提唱を受けて始まった、日中戦争に関する日中米三国の研究者による歴史共同研究の成果だ。

このなかで華北戦線を直接のテーマにした研究としては、山本昌弘《やまもとまさひろ》「華北の対ゲリラ戦、1939―1945―失敗の解析」、馬場毅《ばばたけし》「華北における中共の軍事活動、1939―1945―山東抗日根拠地を例として」がある。前者は日本側の立場から、後者は中国、特に山東省の中共と八路軍の視点から戦いの実相に迫った。馬場はこの研究をさらに深め、二一年に『日中戦争と中国の抗戦―山東抗日根拠地を中心に』（集広舎）を発表している。

菊池《きくち》一隆《かずたか》『中国抗日軍事史１９３７—１９４５』（有志舎、二〇〇九年）は、おもに中国側の研究や新聞史料を駆使して、中国側の視点から日中戦争の全容に迫り、八路軍の遊撃戦についても一章もうけて概述している。

笠原十九司《かさはらとくし》『日本軍の治安戦—日中戦争の実相』（岩波書店、二〇一〇年）は、タイトルのとおり、おもに日本側の視点から、華北における日本軍と八路軍との戦いについて論じている。この研究は、おおよその華北戦線の展開をつかむうえでは有用であるが、やはり中国側から見た考察がもっとほしい。

その後、笠原はこの研究成果をさらに敷衍《ふえん》し、近代中国での反日運動の原点となった対華二一ヶ条の要求から、アジア太平洋戦争の敗戦までの日本の中国侵略の全容を『日中戦争全史』上・下巻（高文研、二〇一七年）としてまとめている。

以上の研究の蓄積によって、日中戦争の華北戦線の歴史は、徐々にその全体像を現しつつあるといえよう。特に戦場での日本軍の戦争犯罪については、研究者の関心を集めており、細かな分析がなされている。

本書は、これら研究成果をふまえつつ、前書と同じく「後期日中戦争」というこれまでにない切り口、すなわち太平洋戦争が開戦した一九四一年一二月以降の華北戦線に特に焦点を絞っていく。これも前書で示したとおり、日中戦争が決してたんなる日中二国間の戦争でなく、太平洋戦争や第二次世界大戦のヨーロッパ戦線とも連関した世界戦争の一局面であったことを明らかにする試みだ。

華中戦線は、太平洋戦争開戦後すぐにその影響が作戦に現れ、日中戦争には不必要な戦いがいくつも行われた。では、華北の場合はどうか。「後期日中戦争」という視点に立つことにより、これまでの研究では捉《とら》えきれていなかった華北戦線の一面を浮き彫りにできるのではないか。このような期待のもと、検討を進めていきたい。

華北とはいったいどこか

本書は、「後期日中戦争」期の華北戦線が考察の対象であるが、そもそも、華北とはいったいどこか。たとえば、現代中国語の語彙《ごい》を収録した二〇〇〇年刊行の『現代漢語詞典』を見ると、華北は「我が国の北部、河北《かほく》省・山西《さんせい》省・北京《ペキン》市・天津《てんしん》市一帯の地区を指す」とある。北京市と天津市は、周囲を河北省に囲まれた現在の中華人民共和国の直轄市だ。よって、省の範囲でいうと、華北は河北省と山西省の二省だけとなる。

これに対し、一九八三年刊行の『精選　中国地名辞典』によると、華北は「一般に長城以南、秦嶺《しんれい》・淮河《わいが》以北の黄河《こうが》の中・下流一帯の地を指す」という。

秦嶺（秦嶺山脈）とは、西は甘粛《かんしゆく》省から始まり、黄河と長江《ちようこう》（揚子江《ようすこう》）の間を河川と並行しながら、東の河南省《かなん》中部にまで達する標高およそ三〇〇〇メートル級の山岳地帯だ。この山々を境界線として、中国は地理上、南北に分けられるという。

淮河は中国で黄河と長江に次ぐ全長約一〇〇〇キロメートルの河川だ。これは河南省南部の桐柏《とうはく》県付近より源を発し、安徽《あんき》省を抜けて東シナ海へと流れていく。この河川を境として、中国は北と南に二分される。

つまり、地理上の華北は河北・山西・山東・河南の四省に及ぶといえよう。

久保亨《くぼとおる》「華北地域概念の形成と日本」（『華北の発見』所収）によると、そもそも華北ということばは、中国が西洋列強の侵略にさらされていた一九世紀後半、英語の North China が中国語訳されてできたという。すなわち、華北は外来語であり、地域としての概念も、そのことばを発する人物の立場、それを使う時代、当時の中国の置かれていた政治状況などによって、微妙に変化していった。

たとえば、満洲事変を起こした日本陸軍の在外派遣部隊の関東軍は、一九三五年より華北進出を目的とした、いわゆる華北分離工作を始める。このとき、関東軍は河北・山西・山東の三省、そして長城線外の察哈爾《チャハル》（現内蒙古《うちもうこ》自治区中部から河北省北西部一帯）・綏遠《すいえん》（現内蒙古自治区中部一帯）の二省を「華北五省」とし、ここに親日自治政権を設けて、国民政府の支配下から切り離そうとした。

なぜ関東軍はこの五省を華北としたのか。それは華北分離工作の主たる目的が満洲国の辺境防衛であり、満洲国に近いこの五省を日本の勢力下に置くことで、その地域の安定化を狙ったのだ。

本書は華北の概念を正確に規定することを目的としていないため、これ以上の議論は避けるが、さしあたり本書では、「後期日中戦争」の華北戦線を勝ち抜いた八路軍の主要な活動拠点だった河北・山西・山東・河南の華北四省を検討の対象としたい。

本書の構成

本書は、まず華北四省をひとつずつの章に分けて論じていく。第一章は河北省を取りあげる。河北省は華北戦線の主戦場であり、四省のなかでもっとも激しい戦いが繰り広げられた。特に日本軍は八路軍に対する粛正作戦に力を注ぎ、彼らを徹底的に追いつめていく。これに八路軍はどう抵抗したか。また、このとき民衆はどのような被害を受け、そして生き延びていったか。日中双方の視点から戦いの実像をたどる。

第二章は山東省の戦いを見ていく。山東省でも日本軍は国民革命軍へ激しい戦いを挑んでおり、八路軍への粛正作戦も繰り返されていた。だが、国府軍は撃退できても八路軍を倒すことができない。

業を煮やした日本軍が手にしたのが毒ガスと細菌兵器だ。彼らはこれらを使い八路軍の息の根を止めようとする。そこはまさに戦争犯罪の戦場だった。これに八路軍はどう立ち向かったか。耐えしのぶ八路軍を支えたものは何だったのか。主要な戦いを取り上げて検討する。

第三章の舞台は河南省だ。ここは三八年六月の黄河の堤防決壊により、甚大な被害にあう。また、干魃《かんばつ》や蝗害《こうがい》（バッタ類の異常発生による災害）、さらには、軍事力をともなった現地組織の悪政により、人々は生きる術《すべ》を失っており、抗日戦争どころではなかったのだ。このような状況のなかで、日中両軍はどのようにして戦い続けたかを見ていく。

第四章では山西省の抗日戦の様子をたどる。同省では開戦前より、「山西王」こと元山西軍閥の閻錫山《えんしゃくざん》と日本軍との間で、対伯工作と言われる秘密交渉が行われていた。これにより、同省の日本軍の戦線は押し留《とど》まる。

だが、対伯工作は「後期日中戦争」が始まると頓挫《とんざ》してしまう。これにより、山西省でもようやく本格的な戦いが始まる。

対伯工作とはいったい何だったのか。なぜ、それは失敗に終わったのか。山西省での日中両軍の戦いはどのようなものだったか。八路軍はどんな抗日戦を展開したのか。閻錫山と日本軍との関係を中心にしながら論じる。

第五章は、華北での八路軍の反転攻勢について検討する。日本軍の連戦連勝で始まった太平洋戦争は、四二年六月のミッドウェー海戦を境に、アメリカ軍に主導権が渡った。ヨーロッパ戦線でも、四三年頃から独ソ戦でソ連軍がドイツ軍に対し、優位に立つようになる。

このような国際情勢のなか、日本軍は日中戦争最大規模の一号作戦（大陸打通作戦）を敢行する。

この戦いに華北の日本軍部隊が動員されると、八路軍は守備が手薄となった日本軍占領地に向けて、本格的な攻勢を仕掛ける。彼らはどのようにして日本軍を撃破したか。日本軍はその攻撃をどう受け止めて反撃したか。華北戦線は最終的にどうなったのか。華北各省での動きをたどる。

最後に、戦後の山西省における残留日本兵の問題に言及しながら、「後期日中戦争」の華北戦線について、華中戦線と比較しながら、その特徴や歴史的意義を考察していく。

なお、本書中の引用文は読みやすさを考慮して、カタカナ書きを適宜ひらがなに直し、句読点の削除や補足などを行った。また、旧字体は人名など一部を除き、新字体に改めた。

用語については、今日差別的とみなされたり、使用が控えられたりしていることばは、引用文中や一部固有名詞のみ、そのままとした。頻出する長い呼称は、煩雑さを避けるため、初出および一部を除いて、基本的に略称を用いる（たとえば、中国国民党は国民党、中国共産党は中共とする)。

本書で使用する文献についても、読みやすさを考慮し、本文中では一部だけ示し、巻末の参考文献に一括した。

地図中の日本軍部隊は、煩雑さを避けるため、軍以下の師団や聯隊《れんたい》は省略し、地名も主要な都市のみとした。

目次

序　章　「後期日中戦争」前の華北戦線

北支那方面軍兵団配置図（太平洋戦争開戦時）

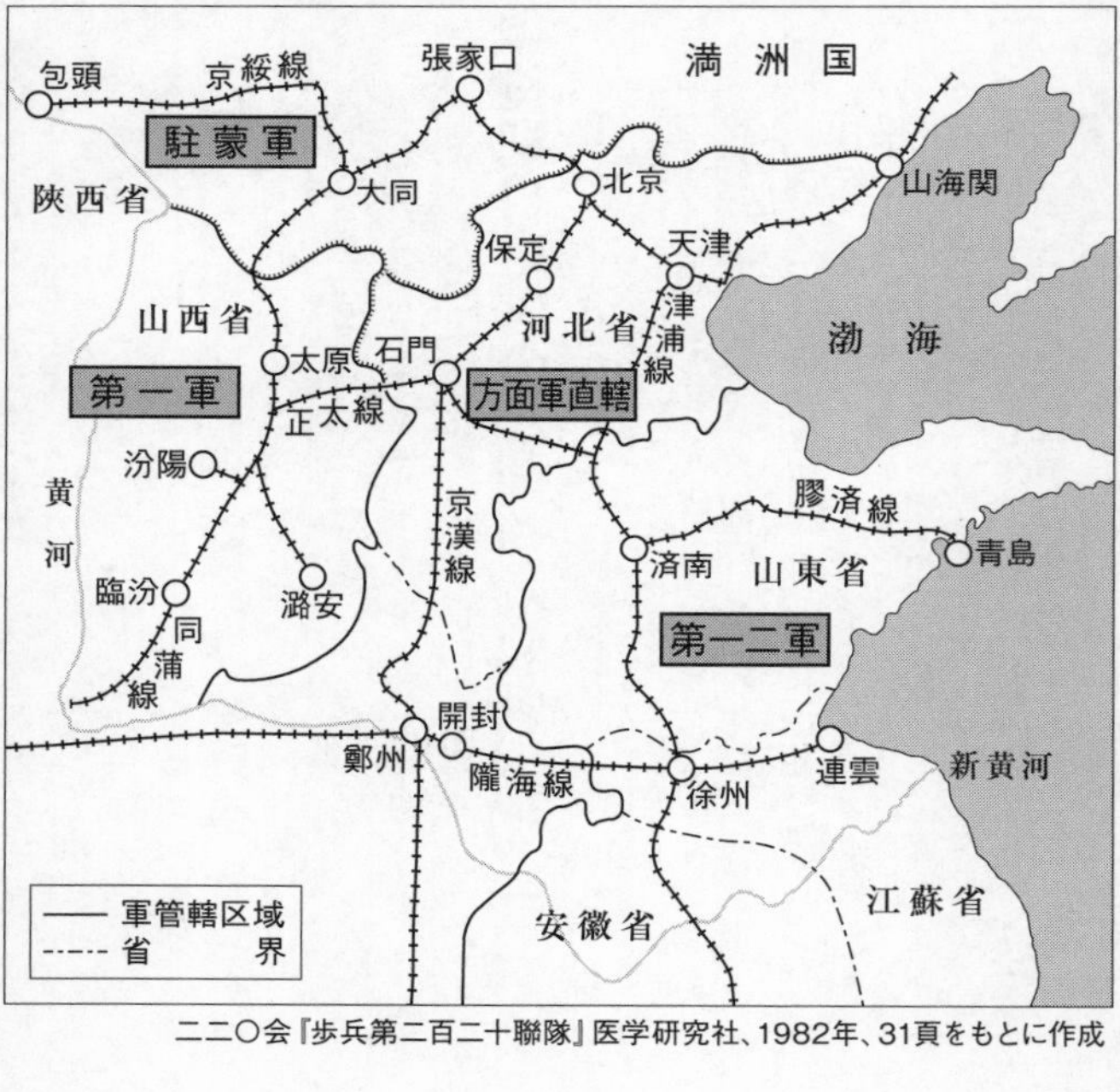

二二〇会『歩兵第二百二十聯隊』医学研究社、1982年、31頁をもとに作成

日本軍・傀儡軍・中央軍・雑軍・八路軍

本論に入る前に、読者の理解を助けるため、「後期日中戦争」前の華北戦線における日中両軍の態勢と戦況について簡単にまとめる。すでにこのことについてご存じの方は、ここを読み飛ばして次章に入っていただきたい。

まずは日本軍から。日本陸軍の在外派遣部隊として、華北戦線を統括していたのが、北支《きたし》那《な》方面軍である。同軍は南京《なんきん》に本拠を置く支那派遣軍総司令部の統率を受け、第一軍・第一二軍・駐蒙《ちゆうもう》軍・第四三軍（四五年三月編成完了）を隷下に置く。『北支の治安戦〈1〉』によると、三九年九月の時点での北支那方面軍の兵力は合計で三五万四一六〇人。

さらに、北支那方面軍に友軍として協力する中国人部隊も存在した。そのひとつが、治安軍だ。同軍は、日本軍占領下の北京（北平《ほくへい》）に成立した傀儡《かいらい》政権（対日協力政権）の中華民国臨時政府が組織した部隊である。四〇年三月、同政府が華北政務委員会（以下、特段の場合を除き、中華民国臨時政府とともに華北政権と略称）に改組すると、治安軍も華北綏靖《すいせい》軍に改められた。

治安軍ははじめ、八個団（団は聯隊《れんたい》相当）一万五〇〇〇人の兵力を擁し、おもに河北省と山東省の拠点に配備される。兵の訓練はおもに日本人将校が務め、日本軍の同意を得て、数門の野砲を備えた砲兵隊を編成するなどして増強され、四一年には総兵力が五万四〇〇〇人にまで達した。

もうひとつが、戦闘に敗れたり、投降の説得に応じたりして日本側に寝がえった、いわゆる帰順部隊である。たとえば、四三年四月、河南省林県《りんけん》で日本軍に敗れて帰順した孫殿英《そんでんえい》率いる新編第五軍や、孫や日本人らの説得を受けて同じく日本軍に降《くだ》った龐炳勲《ほうへいくん》が軍長を務めた第二四集団軍などだ。

四〇年一二月に北支那方面軍参謀部が作成した「帰順軍隊（匪賊《ひぞく》）調査表」（『北支の治安戦〈1〉』所収）によると、同年一一月までの帰順部隊の総兵力は六万七九二三人に及んだ。

四一年一月三〇日、戦時の最高統帥機関である大本営陸軍部が通知した「支那側武装団体整備並指導要綱」（同右所収）によると、「日本軍と支那側武装団体との関係は、各地方の特性に応じて定むるも、治安粛正上の重要事項に関しては、日本軍所在の指揮官は実質的に支那側武装団体を指揮し得る如く律す」と、軍事上の重要な事柄が発生した際、彼らの指揮は日本軍が握るとされた。

帰順部隊のうち、兵力が多く、かつその素質が比較的良好と認められると、剿共軍《そうきょう》と呼ばれて、華北政権から定額の軍費が与えられる。それ以外の部隊は皇協軍《こうきょう》と名づけられて、臨時に軍費を支給されたうえで、逐次整理された。なお、本書では引用文を除き、特段のことがない限り、帰順部隊ならびにさきの治安軍と華北綏靖軍をまとめて傀儡軍と総称する。

ところで、これら傀儡軍ははたして戦力となり得たのだろうか。当時、北支那方面軍作戦主任参謀を務めていた島貫武治《しまぬきたけはる》中佐は次のように述べる。

治安軍は正規の軍事訓練を実施し、多大の経費を投入して編成したが、治安戦における実績は必ずしも期待にそうものではなかった。帰順部隊も日本軍支援のもとに警備粛正の補助となっていたが、溌剌《はつらつ》たる闘争心に乏しく、とても中共軍に対抗できるものではなかった。(『北支の治安戦〈1〉』所収)

よって、前線での戦いは強力な作戦部隊を擁する北支那方面軍が担い、戦力の劣る傀儡軍は戦いの少ない後方に回り、占領地の警備を専らとしたのである。

次に中国軍をみていこう。日中戦争が勃発《ぼっぱつ》してから一ヶ月余りが過ぎた三七年八月一二日、中国国民政府(以下、国民政府)国防最高会議と、国民党党政連席会議は、国民政府軍事委員会委員長の蔣介石《しょうかいせき》を陸海空軍総司令に推挙し、軍事委員会を中国の最高統帥組織とした。軍事委員会は同月から翌九月にかけて、中国全土を複数の戦区に分ける。そして、それぞれに戦区司令長官を置き、軍事委員会の命令のもと、各区隷下の部隊を指揮させた。戦区は終戦までに計一二ヶ所にまで拡大する。戦区の範囲は時期によって異なるが、後期日中戦争期の四四年一二月までに華北に拠点を置いた戦区は、河南省を主要な範囲とした第一戦区と、山西省と綏遠《すいえん》省一帯を防衛した第二戦区のふたつだ。河北省と山東省の戦区はこの時期日本軍の攻撃に敗れて撤退をしていたが、四五年六月になって、第一一戦区が両省と熱河《ねっか》省（現河北省北部から遼寧《りょうねい》省南部）を範囲にして再編成された。

中国を侵略する日本軍を迎え撃った国民革命軍は、蔣介石を総司令とする国民党の軍隊だ。四一年二月の段階で、国民革命軍の兵力は、歩兵二九六個師（師は師団に相当）を基幹とする約五〇九万人に達した。

国民革命軍には、大きく分けて三種類の部隊がある。ひとつ目が中央軍だ。同軍を率いた士官は、おもにかつて蔣介石が校長を務めていた黄埔《こうほ》軍官学校（中国国民党陸軍軍官学校）や、同校の後継にあたる中央陸軍軍官学校の卒業生で、蔣介石と個人的なつながりをもっていた。蔣の意のままに動き、装備や練度も充実していた国民革命軍の主力である。

ふたつ目が、かつて内戦で国民革命軍に敗れ、彼らの軍門に降った旧軍閥系の部隊だ。兵の素質や装備は中央軍に劣り、蔣の命令に従わないこともしばしばで、作戦を乱して敗れることも珍しくなかった。彼らは通称、雑軍または雑牌《ざっぱい》軍と呼ばれる。だが、一般的には晋《しん》軍のように拠点の地域名（晋は山西省の略称）をつけたり、閻錫山《えんしゃくざん》の軍隊だから閻軍というように、部隊を率いた軍閥領袖《りょうしゅう》の名前を冠した（司令官の名前を冠した部隊の通称は中央軍にもある）。

　なお、中央軍と雑軍を総称する際、国民政府側の軍隊という意味の国府《こくふ》軍、または国民政府の本拠地が重慶《じゅうけい》であったことから重慶軍と称された。本書では引用文を除き、国府軍とする。

　部隊の三つ目は、中共の部隊である国民革命軍第八路軍（三七年九月一一日に第一八集団軍に改編。総指揮は朱徳《しゅとく》。以下、八路軍）と国民革命軍新編第四軍（初代軍長は葉挺《ようてい》。以下、新四軍）だ。そもそもなぜ国民党の軍隊のなかに中共軍がいたのか。

　国民党と中共は二〇年代後半より、中国全土を巻きこんだ激しい内戦を繰り広げる。しかし、三六年一二月一二日、陝西《せんせい》省西安《せいあん》で蔣介石が中共と内通した元奉天《ほうてん》軍閥の張学良《ちょうがくりょう》に身柄を拘束され、内戦の停止と、中共と一致して抗日にあたるよう約束させられてしまう（西安事件）。これは、日中戦争勃発後の三七年九月二三日、蔣が中共との合作を認める談話を発表したことで、第二次国共合作として結実していく。

　八路軍は、談話発表一ヶ月前の八月二二日、中共の党軍である中国工農紅軍を改編して成立する。主力軍または正規軍といわれた第一一五師・第一二〇師・第一二九師の三個師を基幹とし、当初の兵力定数は四万五〇〇〇人とされた。だが、その後急速に増強し、三九年には総兵力がおよそ二七万人にまでふくれ上がる。

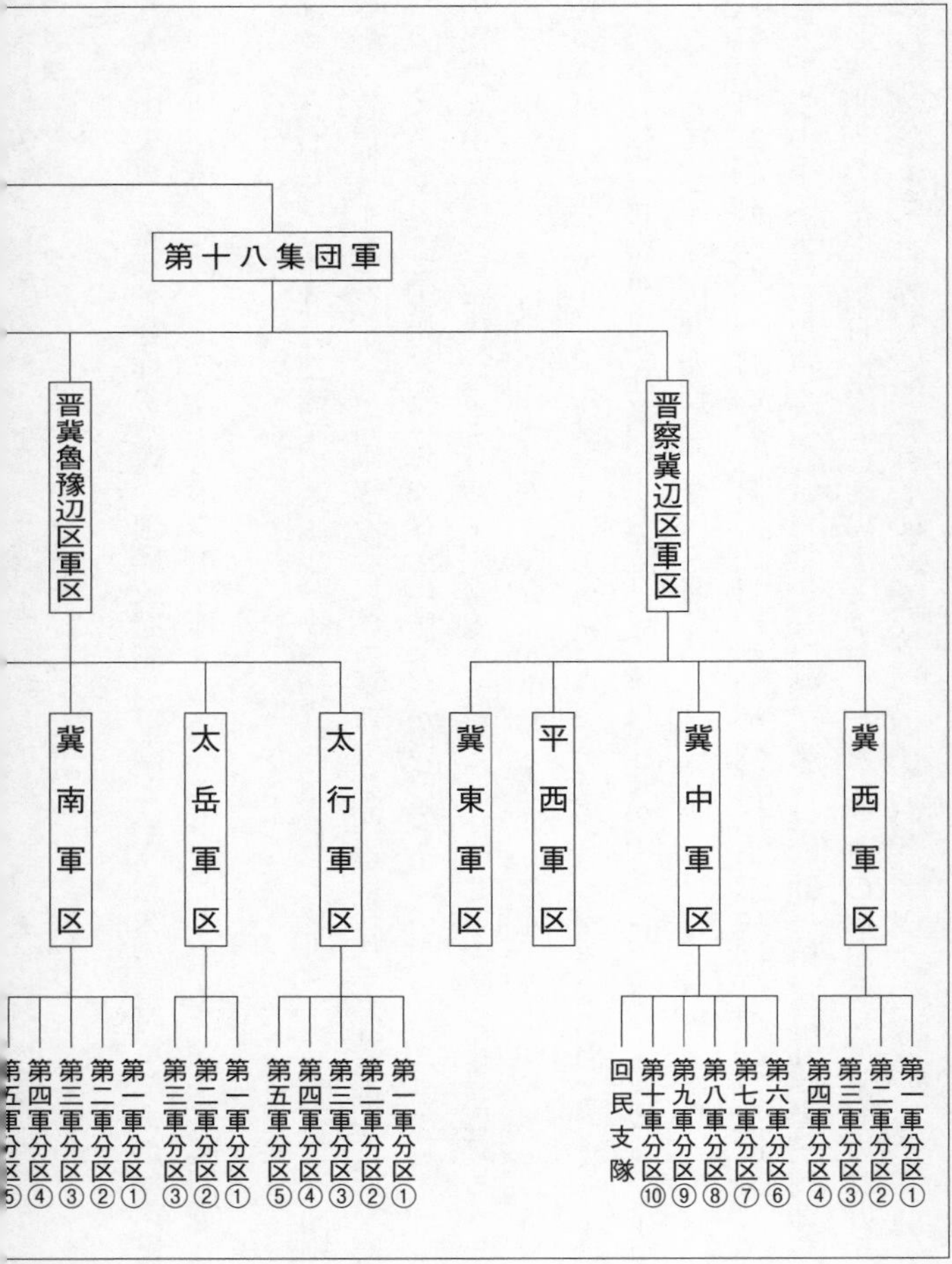
第十八集団軍
晋冀魯豫辺区軍区
晋察冀辺区軍区
冀南軍区
太岳軍区
太行軍区
冀東軍区
平西軍区
冀中軍区
冀西軍区
第五軍分区⑤
第四軍分区④
第三軍分区③
第二軍分区②
第一軍分区①
第三軍分区③
第二軍分区②
第一軍分区①
第五軍分区⑤
第四軍分区④
第三軍分区③
第二軍分区②
第一軍分区①
回民支隊
第十軍分区⑩
第九軍分区⑨
第八軍分区⑧
第七軍分区⑦
第六軍分区⑥
第四軍分区④
第三軍分区③
第二軍分区②
第一軍分区①

そのままとした。

中国共産軍組織系統表

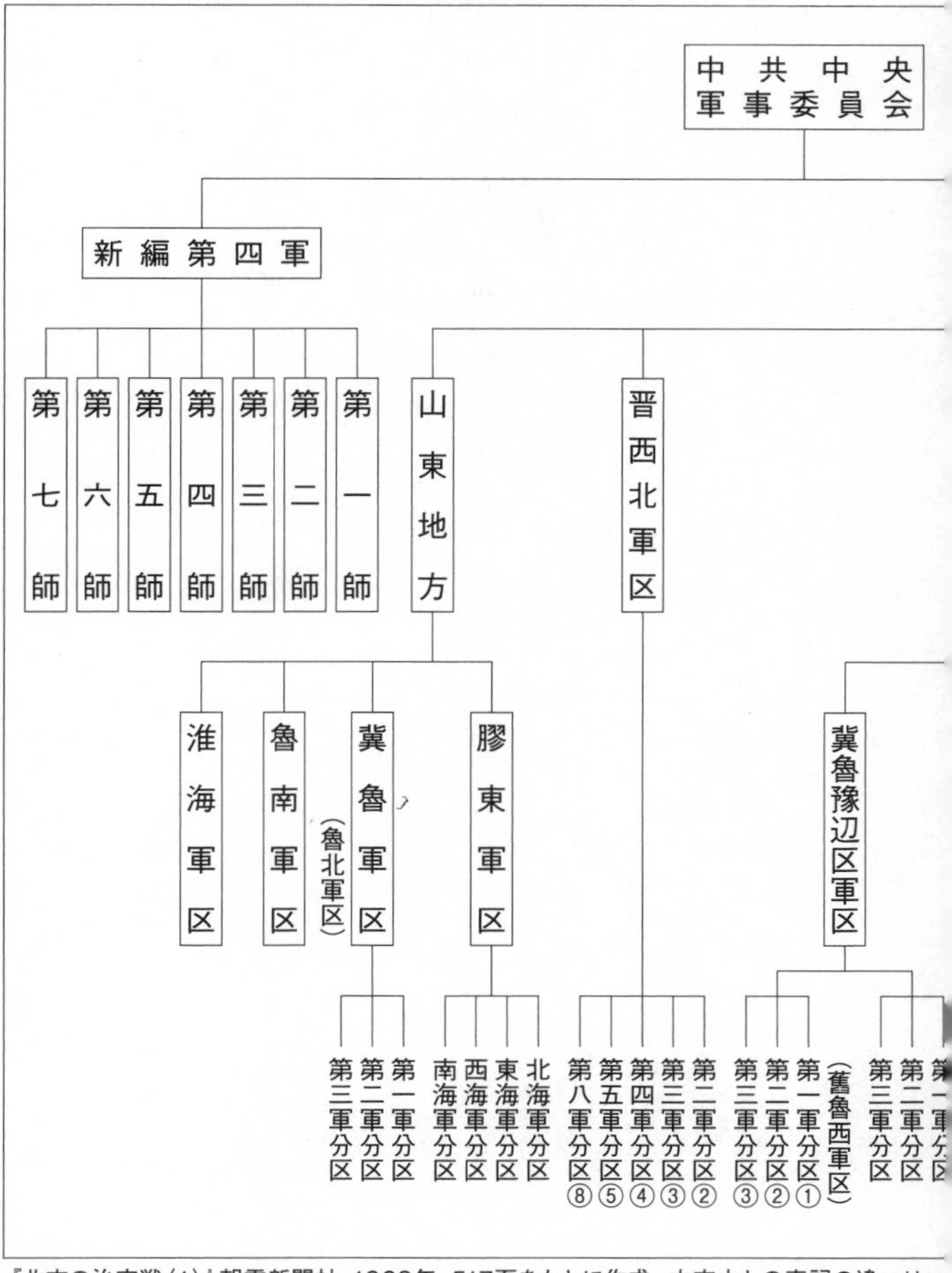

『北支の治安戦〈1〉』朝雲新聞社、1968年、517頁をもとに作成。本文中との表記の違いは

新四軍は一〇月一二日、華中以南の湖北《こほく》・湖南《こなん》・江西《こうせい》・広東《カントン》・福建《ふっけん》・浙江《せっこう》・河南・安徽《あんき》の各省で活動していた紅軍遊撃隊を再編成して発足。四個支隊兵力約一万二〇〇〇人からなる。両軍とも形式的には国民政府軍事委員会の命令を受けるが、実際は毛沢東を主席とする中共中央軍事委員会（以下、中央軍委）に従っていた。

加えて、中共が本拠地とした陝西省延安《えんあん》の中華ソヴィエト民主共和国が、国民政府の管轄のもと、特区政府として合法化される。中共はここに陝甘寧《せんかんねい》辺区政府を設立し、党中央を置いて、中国各地の党機関をとおして、八路軍と新四軍を指揮した。なお、辺区政府は、国民政府に従属する行政機関だったが、実際は中共の統制のもとに運営される。

中共が実効支配した地域は、辺区または抗日根拠地、あるいは日本軍の占領から取り戻したという意味で解放区とも称された。その総数は全国で一九ヶ所、四五年時点での総面積は約九五万平方キロメートル、人口はおよそ九五五〇万人に及んだ。華北にあった辺区のうち、本書で取り上げるのは、晋察冀《しんさつき》辺区・山東抗日根拠地・晋冀魯豫《しんきろよ》辺区・晋綏《しんすい》辺区の四つとする。

また、中共は辺区以外に、中共と日本側の勢力が入り交じっているところを遊撃区、日本軍が完全に占領している地域を白区と呼んで区別した。

各地の辺区は、複数の軍区と軍分区があり、そこには地方軍と呼ばれた部隊が所属する。

さらに、農民を中心に組織された民兵（自衛軍）もいた。地方軍と民兵は、辺区の警備にあたるほか、しばしば主力軍に従って日本軍と戦う。民兵の数は辺区の広がりとともに年々増加し、四五年には、約二七〇万人に達した。彼らは武装が貧弱だったが、その擁する大きな兵力は、中共軍にとって必要不可欠であり、反対に、日本軍にとっては侮りがたいものとなる。

民衆を抗日陣営に取りこむか否か

中国側の防衛戦略も確認しておこう。盧溝橋事件の発生から四日後の三七年七月一一日、蔣介石の腹心で国民政府軍政部長の何応欽《かおうきん》は、関係者を集めて対日戦の方針について討議を始める。その検討結果を受けて、八月七日、蔣介石は国防会議を開催。これには中共側から中央軍委副主席の周恩来《しゅうおんらい》と朱徳、同委員葉剣英《ようけんえい》が代表として参加した。会議のなかで、周らは中共中央が考える対日戦の方針について明かす。

これらの検討を重ねた末、二〇日、軍事委員会は蔣介石の名で日中戦争の当面の戦略方針を定めた「戦争指導方案」（『抗日戦争　軍事（上）』所収）を発し、日本軍との戦いは「〝持久戦〟の達成を基本的な目的とする」と定めた。

何応欽は戦後にまとめた『八年抗戦与台湾光復』のなかで、当時の中国側の作戦方針について、「私たちの対日抗戦は三期に分かれ、合わせて八年が経過した」と述べる。その三期とは何か。

第一期―戦争開始から二七年（一九三八年―引用者注）一一月の武《ぶ》漢《かん》会戦の終了まで。ここは守勢作戦の時期である。日本軍がその優勢な準備をたのみに、きわめて短い期間に我が野戦軍を殲滅《せんめつ》し、彼らの「三ケ月で中国を滅ぼす」・「速戦速決《そくせんそつけつ》」の目的を達成しようと目論《もくろ》む。よって、我々の指導の着眼点は、空間をもって時間に換え、敵との決戦を回避し、敵の主力を湖沼山岳地帯に誘い込み、その優勢な装備の効力を発揮できなくさせる。そして、逐次敵を人的に消耗させることで、我々の長期抗戦の基礎を確立し、最終的な勝利の獲得を期するのだ。（引用者略）

第二期―我々の持久作戦の時期だ。日本軍は戦略上「速戦速決」から「以戦《いくさでもつて》養戦《いくさをやしなう》」に転換していく。我が軍は戦力を高めていくことに重点を置き、戦場を広げて広範囲に遊撃戦を行い、敵の後方を前線のようにする。小さな勝利を積み重ねて大勝とし、敵に点と線を死守するよう追い込み、その「以戦養戦」の企図を打破していく。

（引用者略）

第三期―反攻作戦の時期だ。この期の作戦開始は、日本の支那派遣軍が目の前の劣勢を挽回《ばんかい》するときにあたり、それは三三年（一九四四年―引用者注）夏である。

毛沢東も三八年五月から六月にかけて発表した「持久戦について」（『毛沢東軍事論文選』所収）のなかで、次のように述べて国民党側と同じく三つの時期にわたる持久戦の構想を示している。

中共指導者の毛沢東（左）と八路軍総指揮の朱徳（『北支の治安戦〈1〉』所収）。

第一段階は、敵の戦略的進攻、わが方の戦略的防御の時期である。第二段階は、敵の戦略的保持、わが方の反攻準備の時期である。第三段階は、わが方の戦略的反攻、敵の戦略的撤退の時期である。

以上の点から、国府軍と中共軍どちらも、日本軍との戦いには三段階の持久戦で臨むという戦略だったことがわかる。では、ほかの点でも、抗日戦争に臨む国共両軍の考えは同じだったのか。

三七年八月二五日、陝西省洛川《らくせん》で開催された中共中央政治局拡大会議（洛川会議）で採択された「為動員一切力量争取抗戦勝利而闘争」（「すべての力を動員して抗戦の勝利を手に入れる闘争」、『毛沢東選集』第二巻所収）では、「七月七日の盧溝橋事件以後、国民党は依然として満洲事変以来実行している誤った政策を続けている。妥協と譲歩を繰り返し、愛国軍人の積極性を押さえつけ、愛国人民の救国運動を抑圧しているのだ」と述べて、抗日戦争への国民党の対応を非難する。

そのうえで、「彼らは政府単独で抗戦をして日本に勝利できると考えているが、これは誤りだ。政府単独での抗戦は、いくつかの個別の勝利を得られるだけで、完全なる抗日戦の勝利は不可能である。全面的な民族抗戦だけが完全な抗日戦の勝利を可能にするのだ」と、中国の民衆を総動員した民族戦争に転換することの重要性を説いたのである。抗日陣営に民衆を取り込むか否かという点に、国共両軍の戦略上、きわめて大きな違いがあったのだ。

抗日戦を支えた列強からの支援

日本との戦いを続ける中国にとって、列強からの援助は、何にも代えがたい支えとなった。いち早く援助の手を差し伸べたのはソ連だ。国境を接する中国の抗日戦を助けることは、ソ連の安全につながる。三七年八月、中ソ不可侵条約が結ばれると、ソ連から中国に空軍義勇兵が派遣されるとともに、一億ドルの借款を通じて飛行機や戦車などの兵器が供与された。これらは、ソ連から中国内陸部を貫く西北ルートを通して運ばれていく。

ドイツももともと中国と友好関係にあったが、同じく友好国だった日本との関係を重視した結果、三八年、中国への軍需物資の供給停止と、軍事顧問団の引き揚げを決定する。なお、中国への軍需物資供給は、ドイツが国民政府と断交する四一年七月まで秘密裡《ひみつり》に続けられた。その理由は、ドイツが国内の軍事産業の発展にとって必要不可欠なタングステンなど希少金属（レアメタル）を軍需物資と引きかえに中国から輸入していたからである。

イギリスとアメリカは、当初日本との関係悪化を懸念して、中国への積極的な支援を避けていた。だが、イギリスは香港《ホンコン》やビルマ（現ミャンマー）から中国内陸へ延びる援蔣ルートを通して中国に物資を供給する。

アメリカは太平洋戦争が始まると、中国への積極的支援を本格化させていく。軍事支援のひとつとして、アメリカの志願航空隊、通称フライングタイガース（中国名飛虎隊）を中国へ派遣し、中国空軍を強化した。また、中国兵には順次アメリカ製の兵器が渡され、かつアメリカ人将校による訓練も施されたのである。

アメリカは長く孤立主義を保ち、日中戦争勃発後も戦争に関与することへの根強い反発があった。その世論を打ち破ったひとりが、蔣介石の妻である宋美齢《そうびれい》だった。

彼女は、日中戦争が始まると、アメリカ・オーストラリア・イギリス・カナダなどに向けて日中戦争の惨状と中国への支援を訴える。特にアメリカへは太平洋戦争のさなかに二回長期滞在し、F・ローズヴェルト大統領と会談した。さらに、積極的に演説に臨むなどの活動を行い、アメリカの世論を抗日戦の支援へと傾けさせていったのだ（石川照子「米中関係と宋美齢」、『大妻比較文化』第二巻所収）。

日本軍を本気にさせた百団大戦

「後期日中戦争」の華北戦線を見ていく前に、どうしても取り上げておかなければならない戦いがひとつある。それが百団大戦だ。これは四〇年八月二〇日から一二月五日までの約三ヶ月半の間、山西省を中心に展開された、八路軍の対日反攻をいう。当初、同軍は約二〇万人の兵力で、北支那方面軍の各拠点・交通路線・日系炭鉱などを襲撃。その後、逐次増員され、最終的には一一五個団約四〇万人の兵で戦い抜く。作戦の呼称はこの団数に由来する。

第一八集団軍総司令部野戦政治部が公布した「『百団大戦』戦績総括」（『日中戦争史資料』所収）によると、百団大戦での両軍の戦いは大小合わせて一八二四回にのぼり、八路軍は多くの兵を失ったが、北支那方面軍と傀儡軍も合わせて約三万人の死傷者を出し、三〇〇〇ヶ所に近い拠点を奪われたという。

総指揮の朱徳とともに戦いを指揮した八路軍副総指揮の彭徳懐《ほうとくかい》は、八月三一日、中共機関紙である『新華日報』の記者に対し、百団大戦の戦果を次のように評した。

今回の「百団大戦」とそれがかちとった勝利は、華北抗戦の歴史上、また全国の抗戦の歴史上でたいへん重要な位置を占めています。敵後方で行なった、主動的で大規模な戦役上の進攻は、「百団大戦」がはじめてです。（引用者中略）この戦役上の進攻は、華北抗戦の歴史上空前のものですし、全国の抗戦の歴史上でも稀にみるものです。この戦役上の進攻は、敵占領区をせばめ、わが占拠地区を拡大しようとしたのですから、やはり華北の戦局を転換させはじめたといえます。（「彭副総司令、『百団大戦』の偉大な意義を語る——八月三一日、新華日報記者との談話——」、『日中戦争史資料』所収）

当時、中共中央軍委総参謀部第一局長だった郭化若《かくかじやく》が著した「『百団大戦』とその勝利を論じる」（『日中戦争史資料』所収）によると、百団大戦の計画は、開戦一ヶ月前の七月に進攻目標や動員兵力などの案が定められた。その後、戦地の地形の偵察や武器弾薬の準備、各種政治宣伝や民衆への参戦工作などの準備を進めたが、これらの情報は事前に日本軍にいっさい知られることがなかったという。

そのような八路軍の動きを日本軍はなぜ察知できなかったのか。百団大戦が起きたとき、支那派遣軍総司令部参謀を務めていた井本熊男《いもとくまお》少佐（四〇年一〇月に参謀本部員に転任）は、このように語る。

北支那方面軍は、昭和十五年春から七月末頃にかけて、山西省南、北地域、河北省中部および南部地域、山東省西部および南部地域の粛正作戦を行った。

その粛正目標は中共軍が主であったが、晋（山西）南作戦の如く重慶軍を主目標としたものもあった。重慶軍の撃破は比較的成果をあげたが、中共軍は退避分散戦法をとることが常態であったので、捕捉は困難であった。中共軍は単に退避戦法をとるのみでなく、巧みに重慶軍の勢力を減殺して自らの勢力を拡充するに努めていた。以上の作戦により、山西南部にある我軍は、敵の戦力は急激に低下し治安は著しくよくなったと報告していた。それは、重慶軍に対しては正しい見方であったが、中共軍については特に述べていなかった。当時中共軍に対しては、まだ関心が薄かったのである。（『作戦日誌で綴る支那事変』）

八路軍が北支那方面軍に知られることなく百団大戦が実行できたのも、この日本側の誤った戦力分析が大きな要因だったのだ。

百団大戦という思わぬ事態に北支那方面軍はどう対応したか。井本は言う。

とにかく北支那方面軍としては、この思いもかけぬ中共の大兵力を以てする奇襲は大きな衝撃であった。この苦い経験によって、方面軍としては中共に対する従来の観念を根本から改め、敵情ならびにわが対策に関して深刻な検討を行い、中共の状況をほぼ適確に把握し、わが治安諸施策もそれに相応する如く進歩向上するに努めた。その効果は次第に現われ、昭和十六、十七の二ヶ年間において、北支における中共の勢力を著しく減退せしめ、治安状態は大きく改善せられた。(同右)

華北の治安が改善されたというこの二年間は、途中から「後期日中戦争」の時期に入る。百団大戦で手痛い失態を犯した北支那方面軍は、中共に対しいかなる戦いを挑み、これに八路軍はどう対抗したか。本当に二年間で中共の勢力は弱まり、華北の治安は改められたのか。その後、終戦までの華北の戦況はどうだったのか。これらの問題を次章で検討していこう。

第一章　八路軍との容赦なき戦い——河北省

晋察冀辺区

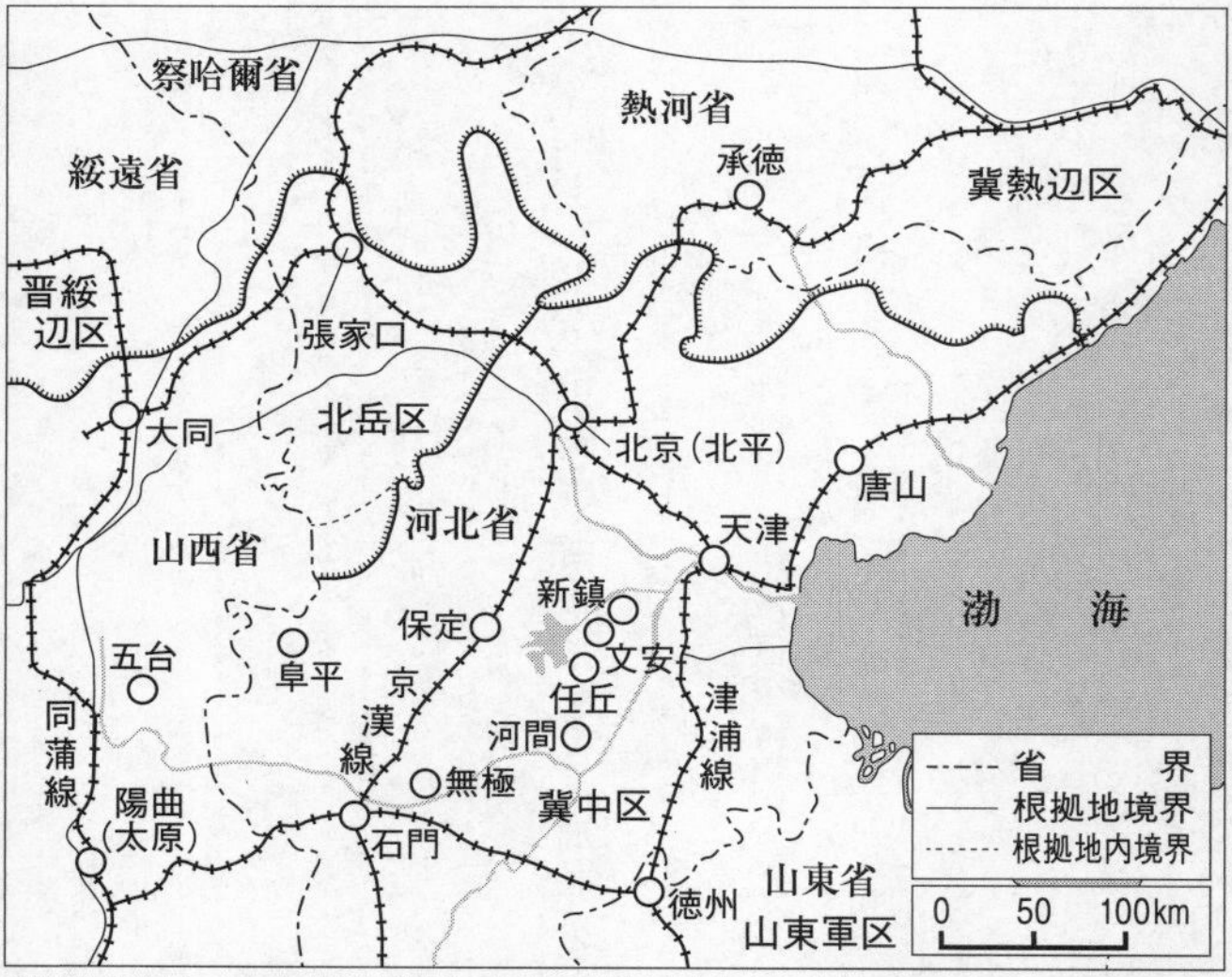

晋察冀辺区（1944年頃）『中国抗日根拠地発展史』北京出版社、1995年所収地図をもとに作成

晋察冀辺区はいかにして農民の支持を得たか

華北にあった辺区のなかで、八路軍がもっとも早く建設したのが晋察冀辺区《しんさつき》だ。晋は山西省、察は察哈爾省《チャハル》、冀は河北省を指す略称である。

晋察冀辺区は、日中戦争開戦から半年後の一九三八年一月、八路軍第一一五師副師長の聶《じょう》栄臻《えいしん》（師長は林彪《りんぴょう》）が中共中央の命令を受けて河北省阜平《ふへい》県に設立。当初の支配領域は晋察冀三省の境界にある山岳地帯で、聶を軍区司令員とする兵力約三万人の晋察冀軍区と複数の軍分区を擁する。軍区は八路軍など上級軍政機関の命令のもと、指定地域の軍事を統括した。軍分区は各軍区に所属し、隷下の地方軍を指揮する役割を負う。

辺区の行政は、聶らを委員とする辺区行政委員会が統轄した。さらに、その下には各地区の行政を担当する行政公署が置かれた。公署は四三年までに、北岳《ほくがく》区・冀中《きちゅう》区・冀熱《きねつ》辺区・冀《き》北《ほく》区の四ヶ所に設けられる。

聶は晋察冀辺区が成立したときの様子を、後に次のように振り返る。

　晋察冀辺区の農民は、生活が相当に苦しかった。冀西《きせい》の山岳地域の様子を見ると、八路軍が到達する前、山々にあった樹木の葉は、貧困な農民によってみんな何の権限もなくむしり取って食べられている。これら樹木は地主や富農のものだった。彼ら農民を抗日に向かわせるには、すぐにその状況を改めなければならず、彼らの最低限の衣食住は確保しなければならない。(『聶栄臻回憶録(中)』)

そのために、彼は何をしたか。

最大限に各階層を団結させて抗日に向かわせ、同時に農民の生活を改善するため、我々は徐々に封建勢力に制限をかけたり、弱めたりしていく政策を実施した。(引用者略)封建勢力を弱体化させて、農民の生活を改善するために、具体的に何を行ったか。我々がはじめにとった方法は、国民党が以前発表したスローガンを利用し、我々の党の主張としたことだ。たとえば、二五減租《げんそ》。(引用者略)国民党の二五減租は、純粋に人を騙《だま》すためのもので、彼らはそれを実行することなく、実行しようとも思っていなかった。我々はこのスローガンを受け、辺区で真剣に実行すれば、国民政府も何も言わない。彼らは自分たちで提示したのだから、我々の行為を止める理由はない。(同右)

二五減租とは何か。肖一平《しょういっぺい》・郭徳宏《かくとくこう》「抗日戦争時期的減租減息」(『近代史研究』一九八一年第四期所収)によると、それは、第一次国共合作中の一九二六年一〇月に開かれた国民党

晋察冀辺区指導者ら。前列左から黄敬、聶栄臻、呂正操、賀竜（晋綏軍区司令員）（『賀竜伝』所収）。

連席会議で決定した政策のひとつだ。すなわち、小作農（佃農《でんのう》）の小作料を二五パーセント軽減するとともに、彼らに課された重い利息による過酷な搾取を禁止し、最高利率を年二〇パーセント以上にしないことなどを規定した。

中共はこのおよそ四年前の二二年七月、第二回全国代表大会で小作料率を制限する法律を制定すべしと提唱。農民を苦しめている小作料と利息の軽減を意味する減租減息ということばで、具体的な規定を作成している。

もともと、中共が推し進めていた土地政策は、地主階級から土地を没収し、それを貧農に分配するというものだった。しかし、満洲事変勃発《ぼっぱつ》後、中国で抗日の気運が日増しに高まるなか、中共は中国を一致抗日へと向ける抗日民族統一戦線を形成するにあたり、農民だけでなく、これまで打倒の対象とされた地主や富農階級までも抗日勢力として取り込む必要に迫られた。

このため、彼らは、三七年二月開催の国民党五期三中全会を前に、土地没収を停止し、減租減息を旨とする土地政策に転換することを決める。正式には八月に中共中央が示した「抗日救国十大綱領」で決定した。

中共の本拠地である西北の陝甘寧《せんかんねい》辺区では、以前より旧来の土地没収が行われていた。そのため、減租減息はひとまず新しい辺区を中心に実行されることになる。その先がけとなったのが晋察冀辺区だ。三九年二月一〇日、彼らは「減租減息単行条例」を公布し、二五減租と一分減息を実施すると定めたのだ。その後、各辺区もこれにならう。この減租減息という「アメ」を武器に、中共は徐々に農民らの支持を取りつけていく。

なお、この減租減息の方針は、四〇年八月一三日、華北での党活動を統括する中共中央北方局が公布した「晋察冀辺区目前施政綱領」(「双十綱領」)にも同辺区の今後の方針のひとつとして明記される。同綱領ではこのほか、民主政治建設の徹底的完成、抗日人民の言論・集会・結社・出版・信仰・居住の自由、財産所有権などの保障、勤労の待遇改善、婦女の地位保障なども示された。

農民に支えられた晋察冀辺区は、日本軍の攻撃をたびたび受けながらも支配領域を着実に広げていく。そして、百団大戦が終わった四〇年一二月までに、面積およそ二〇万平方キロメートル、九〇ヶ所あまりの県を統治し、人口も約一五〇〇万人に達したのである。辺区の広がりとともに、軍区も随時設置される。たとえば河北省中部には、呂正操《りょせいそう》が指揮する冀中軍区、同省北東部から熱河《ねっか》省南部（現河北省北東部および遼寧《りょうねい》省西南部付近）には、李運昌《りうんしょう》を司令員とする冀熱遼《きねつりょう》軍区などが設けられた。ちなみに、李は三八年七月、河北省東部で農民ら約二〇万人とともに蜂起（冀東大暴動）し、同地域の抗日根拠地建設を推し進めたことで知られる。

このように、ますます強大となる晋察冀辺区に対し、百団大戦で八路軍から手痛い攻撃を受けた北支那方面軍は、どのように対抗しようとしたか。

八路軍はたんなる軍隊ではない

四一年二月二五日から二六日にかけて、北支那方面軍司令部は参謀長会議を開き、四一年度の治安粛正建設計画を示した。『支那事変陸軍作戦〈3〉』にその計画の要点が記されている。それによると、計画方針は、治安第一主義を基調とし、「一層粛正を徹底し、速やかに治安を恢復して民生を安定し、重要国防資源の開発取得を促進し、軍の自活力を向上し、以て日華緊密なる合作模範地帯を具現す」とされた。すなわち、引き続き治安回復を目指した粛正作戦を実施するというのだ。

だが、島貫作戦主任参謀が後にまとめた「北支の対共戦について」（防衛研究所戦史研究センター所蔵）によると、当時、作戦計画は次のような変化を遂げたという。

まず、北支那方面軍は作戦を実施するかたわら、八路軍に対する調査を行い、以下にまとめた。

中共は中国共産党、中共軍（八路軍）、中共行政機関と民衆との結合組織であって、革命完成のため民衆の獲得と組織とによってその勢力の拡大強化を図っている。すなわち党、軍、官、民の組織体であって、単なる軍隊ではないということが特徴づけられた。そして明確な使命観によって結合されているのであって、思想、軍事、政治、経済の諸施策を巧みに統合して、政治七分、軍事三分の配合で努力を向けている。したがって、これに対してはわれわれもまた、軍事のみで鎮圧することはできず、これら多元的複合施策を統合発揮しなければならないと結論されたのである。（「北支の対共戦について」）

そして、同軍司令部は、師団や独立混成旅団（歩兵大隊を基幹とした治安維持中心の部隊。以下、独混）など部隊に軍事・政治・経済・社会の視点から、現在いる占領地が治安地区・准治安地区・未治安地区のどれに当てはまるか報告するよう命じたのだ。

この三つの地区はいったいどういうところか。治安地区とは、日本軍が治安を確保した地域で、約一〇人の一個分隊以下で自由な行動がとれる。准治安地区は、日本軍と八路軍の勢力が入り乱れているところで、おおむね約一五〇人の一個中隊以下で安全に行動できる。未治安地区とは、八路軍の勢力範囲下にあり、一個中隊でも長期の行動が危険で、約六〇〇人の一個大隊以上で作戦行動を行わなければならないところをいう。

各兵団からの報告をまとめた結果、三地区の割合が、四一年七月の時点で、治安地区一〇パーセント、准治安地区六〇パーセント、未治安地区三〇パーセントと、華北における日本軍と八路軍の勢力浸透度はほぼ互角であることが判明した。

北支那方面軍司令部は、これら調査結果をもとに、新たに「粛正建設三ヶ年計画」を作成し、四三年までの三ヶ年間にわたる八路軍に対する掃討戦とそれにともなう治安の確保、いわゆる粛正作戦の実施を決定したのだ。

その計画ははたしてどのような内容だったか。各地区の三ヶ年の到達目標数値は、治安地区が一〇パーセントから七〇パーセント、准治安地区が六〇パーセントから二〇パーセント、未治安地区が三〇パーセントから一〇パーセントとされた。このうち、治安地区について島貫は、四一年度の勢力浸透度の目標を二〇パーセントにしていることに対し、「(治安地区二〇パーセントの面積は―引用者注) 一二万平方キロで、現在の日本領土の三分一《ママ》の面積であり、これを面的に安定させようとするものである」と述べた。これまでの日本軍の占領地は市街地である県城とそれをつなぐ鉄道線路と道路だけの、いわゆる「点と線」になっていた。その周囲に広がる農村部まで面的に支配することで、八路軍の遊撃戦を抑え、治安地区の拡大を狙ったのだ。

さらに、各地区では次の施策を行うとした。治安地区には、県城から農村まで華北政権の行政機関を設置し、法令を遵守させる。同政権の軍隊に同区の治安を確保させ、日本軍はそこから撤退し、准治安地区に転戦していく。同政権は治安地区の文化・経済の政策を実施し、住民が安心し、かつ親日反共の気運を促進できるよう差し向ける。

准治安地区には、日本軍の主力を固定し、八路軍を絶えず監視して粛正を図っていく。そして、華北政権の政治力と軍事力を高めて、徐々に治安地区に移行させる。

未治安地区は八路軍を計画的に攻撃し、施設や軍需品を破壊して彼らがふたたび拠点を建設できないようにする。日本軍は作戦終了後撤退するが、やがて進駐し、政治機関を置いて准治安地区に格上げする。

これらの施策を三ヶ年実行したことで達成される最終目標は、次のとおりだ。

(最終目標は──引用者注)一億の民衆をわが味方に抱き込むにあって、これがためには民心を把握しなければならない。民衆はかれにつくか、われにつくかは、いずれが生命を保護してくれるか、いずれにつけば生活が保障されるかによる。軍事力の優越、治安の確保、産業経済の発展、生活の安定の度によるのであって、中国側の自主積極的な活動を促がし、これと緊密に諸施策を吻合《ふんごう》させて、綜合的、体系的に進めなければならないとされた。（同右）

北支那方面軍司令部は、百団大戦に敗れたことにより、強力な八路軍を支えていたのは民衆であり、彼らを味方につけることが勝利につながることをようやく認識したのである。

それでは、どのようにして民衆を味方に引き入れようとしたか。計画では、次の三つの方法が考え出された。

ひとつ目は、中国軍の侵入を防ぐための遮断壕《ごう》（遮断線、または封鎖壕）の建設だ。遮断壕とは、幅四メートル、地中深さ二メートルの大きさの壕を掘り、その両側に高さ三メートル（地上高さ一メートル）のコンクリート製の壁を並べた一連の構造物をいう。壕の周囲には、望楼（物見台）やトーチカなどが複合的に配置される。

北支那方面軍によると、古来、中国は城壁によって外敵から民衆を守っていた。すなわち、遮断壕で民衆を「中共勢力と一線を画して防護することは、その実益にも増して住民を安堵させ、われにつかせる効果は大である」と考えたのである。

北支那方面軍はこれを鉄道線路の防護や、根拠地への物資搬入を阻止することにも使う。たとえば、華北中心部を南北に縦断する京漢線《けいかん》（平漢線《へいかん》。北京―漢口《かんこう》）の西側二〇キロメートルの地点に約五〇〇キロメートルに及ぶ長大な遮断壕を構築し、八路軍が辺区から容易に線路を襲撃しないようにしたのだ。

同軍は遮断壕を用いたこの防御策を囚籠《しゅうろう》作戦と呼ぶ。囚籠とは、囚人を護送する際に用いる檻《おり》のことをいう。彼らにとって、遮断壕で囲われた民衆は、まるで囚人のようであったのだ。

ふたつ目は、中華民国新民会（以下、新民会）による思想宣伝である。新民会は、華北政権と表裏一体の翼賛組織として三七年一二月二四日に成立した。同会は名称の由来となった新民主義を行動原理とする。新民とは、朱子学を大成した朱子《しゅし》（朱熹《しゅき》）が儒教《じゅきょう》の経典のひとつである『礼記《らいき》』大学篇《だいがくへん》を独自に解釈した際に現れた理念で、原文の「民を親《あら》たにす」（親民）を「民を新たにす」（新民）と読みかえた。この意味について、中国哲学者の竹内照夫《たけうちてるお》はこう説明する。

民を新たにすとは、民心を清新に保ち、沈滞堕落せしめないことである。―人性は善良であっても、また人は現在になずんで進歩の意欲を失いやすい。為政者は常に理想を追って、社会の文化程度の向上、人民の生活程度の向上を指示し、人々が旧慣にとらわれず日々清新な気分で生産に努め、業務にいそしむように教導すること。（『四書五経入門』）

新民会の会長には華北政権の歴代指導者が就任する（三九年まで副会長が代行）。だが、会運営の要《かなめ》となる中央指導部はほとんど日本人で占められており、同会も華北政権と同様、事実上日本の傀儡《かいらい》組織であった。

遮断壕は動員された農民によって構築された（『北支の治安戦〈2〉』所収）。

新民会は発足当初、日本軍の干渉を避けるため、彼らと距離をとる。しかし、三九年九月、同会顧問に予備役陸軍中将の安藤紀《あんどうき》三郎《さぶろう》が就任すると、軍宣撫《せんぶ》班員約三〇〇〇人を会員に入れたため、一気に軍事色を強めた。これにより、新民会の思想を支えていた古参の日本人幹部は次々と去り、新民主義は形骸化《けいがい》したのである。

島貫によると、北支那方面軍は反共勢力結成の精神的よりどころとして新民会を拡充し、「要するに民衆を対共戦に動員するためには、北支方面軍の諸施策は、真に民衆の幸福を来すものであるということを感得させ、これに参加しようとする意欲を振い起させることが根本であると信じた」という。

三つ目は、傀儡軍をはじめとする中国側武装団体と自衛組織の協力による治安対策である。北支那方面軍は、傀儡軍ならびに占領下の華北各省や県の警備隊、さらに以前からある在地の保郷団や自警団を動員して、後方の日本軍占領地の治安維持にあたらせ、住民の信用を得ようとしたのだ。

このように、八路軍への対策は徹底する一方で、国府軍にはどのように対処していたのか。四一年五月上旬、北支那方面軍は黄河北岸に位置する山西省南部の中条《ちゆうじよう》山脈で、河北省西部を拠点としていた国府軍第一戦区約一八万人と戦う。

中原《ちゆうげん》会戦（百号作戦。中国名は晋南会戦）と呼ばれたこの戦いで、北支那方面軍は大勝し、第一戦区を黄河南岸に撤退させた。これにより、彼らは河北省での国府軍との戦いは一段落ついたと判断。残る八路軍の壊滅に全力を注いだのである。

辺区を徹底的に追いつめる——治安強化運動

「粛正建設三ヶ年計画」のほか、日本軍は治安強化運動により辺区をさらに追いつめていく。四一年二月一五日に北支那方面軍参謀部第四課が作成した「『治安強化運動』実施計画」（『北支の治安戦〈1〉』所収）には次のようにある。

華北政務委員会は三月三十日より四月三日の間（五日間）「治安強化運動」を実施すべき期と定め、其の軍、政、会各機関及民衆をして所在の日本軍と協力し治安強化工作に活動せしむ。但し以上の運動は各地の状況に鑑み、日本軍各部隊との協定に依り、延長又は短縮することを得《う》。

その運動の具体的内容は次の四つとされた。

1、自治自衛組織の拡大強化、訓練（共産党組織の剔抉《てきけつ》破壊、行政機関職員の訓練、保甲制施行地区の拡大、戸口調査の一斉実施、自衛団の拡充及訓練、警備演習の実施、情報伝達、道路、城壁、電柱、壕、橋梁等の修築）

2、民衆組織の拡大強化（合作社の拡充強化、青少年団、婦女会、労工協会等の拡充訓練）

3、治安軍、警備隊等の前記1、2への協力、自力又は日本軍と協同する討伐示威行軍等

4、東亜新秩序理念及日満華条約の内容の普及宣伝（講演、映画、写真、ポスター、放送、演劇、小冊子に依る）

東亜新秩序とは、三八年一一月三日、第一次近衛《このえ》文麿《ふみまろ》内閣が発表した声明に示され、日中戦争の究極の目的を東アジアの永遠の安定を確保する新秩序の建設としたことだ。近衛は、この約一〇ヶ月前の一月一六日、「爾後《じご》国民政府を対手《あいて》とせず」とする声明（第一次近衛声明）を発し、国民政府との関係を断ってしまう。その結果、日中両政府間の和平交渉ができなくなり、自ら戦争の長期化を招いてしまったのである。

まもなく、日本陸軍と国民政府ナンバー2の汪兆銘《おうちょうめい》ら和平派との間で非公式の和平交渉が始まると、彼らを受け入れるため、第一次近衛声明を修正する新たな名目が必要となった。そこで作られたのがこの東亜新秩序だったのだ。なお、華北政権は、四〇年三月三〇日、南京に汪兆銘が傀儡政権を設立すると、その一部に組み込まれたが、汪から華北の高度自治を認められていた。

治安強化運動の内容を見ると、「粛正建設三ヶ年計画」と共通点がいくつもあることがわ

かる。つまり、治安強化運動は、同計画を華北政権にも行わせ、治安粛正のさらなる徹底を図ることを目的としていたのだ。

実際に運動は四二年一二月一〇日まで計五回実施された。このうち、四一年中に実施されたなかで、比較的成果があったとされる第二次と第三次の例をみていく。

徹底的な粛正が実施された――第二次治安強化運動

第二次治安強化運動は、盧溝橋事件勃発から四周年にあたる四一年七月七日から九月八日までの二ヶ月間実施される。

運動実施にあたり、華北政権が発表した「華北政務委員会〝第二次治安強化運動〟実施及宣伝計画」（『華北偽政権史稿』所収）によると、彼らは第一次運動の成果をふまえ、次のとおりに実施すると示した。

（1）まず全華北に反共思想の地域の確立を宣言する。（2）軍・政・会（新民会―引用者注）及び民衆を融合して一体化し、統合した威力を発揮する。（3）特に農村の防共自衛力を拡充する。これら手順により、進んで剿《そうきよう》共工作を展開し、全華北の粛正を図る。

この方針のもと、彼らは何をしたか。「燕京道区基于夏防要綱之具体治安強化対策」（「燕京道区の夏防要綱に基づく具体的治安強化対策」、『華北治安強化運動』所収）によると、たとえば、固安《こあん》県（現廊坊《ろうぼう》市の一部）では、八路軍など敵部隊が多くても二、三〇〇人ほどおり、固安県当局が日本軍と連繋《れんけい》しながら、彼らを討伐した。また、保甲自衛団を編成し防共のための自衛力を強化する。保甲自衛団とは、保甲制度（一〇戸を一甲、一〇甲を一保として編成された行政組織）をもとにした部隊で、一八歳から四〇歳の男性住民で構成された。

北京市近郊の薊《けい》県《けん》・密雲《みつうん》県・平谷《へいこく》県・三河《さんが》県では、一〇〇〇人近くの八路軍や土匪《どひ》が道路や電線を破壊するなどの不法行為を行い、治安を悪化させていたという。これに対し、四県の当局は、保甲自衛団の訓練を強化するとともに、宣伝や教育によって日中が一体となって剿共に努め、早期に粛正を実現し、東亜新秩序の建設を完成させることを目指した。

四一年八月一二日、晋察冀辺区で発行されていた機関紙『晋察冀日報』に「起来、反対敵寇残暴的焼殺」（「立ち上がれ、敵の残虐な焼き殺しに反対する」、『華北治安強化運動』所収）というタイトルで、第二次治安強化運動の様子が次のとおりに報じられる。

敵がいわゆる「第二次治安強化運動」を始めて以来、我が辺区の人民が敵の砲火・爆弾・銃剣・機関銃・毒ガスなどで命を落としたことは知らぬものがいない。多くの村々は敵の攻撃によって瓦礫《がれき》と化した。敵が毎回の「掃討」中に通り過ぎた村は、例外なく焼き殺される人々がいた。

前述の一連の史料から、第二次治安強化運動では、華北政務委員会が日本軍と連繫しながら、民衆を動員した大規模で徹底的な粛正を行い、晋察冀辺区の民衆や八路軍は、それによって大きな被害を受けていたことがわかる。

経済封鎖と三光作戦で辺区をさらに追いつめる——第三次治安強化運動

第二次治安強化運動が終わって三日後の九月一〇日、北支那方面軍は早くも「第三次治安強化運動実施要領」（『北支の治安戦〈1〉』所収）を発し、次の運動についての方針を示した。これによると、「重点を経済面に指向し、経済封鎖の徹底、重要物資の生産出廻り促進を図り、我が戦力及経済力を強化し、敵匪の抗戦意志を破摧す」と、粛正を主とするこれまでの運動の成果をふまえ、経済封鎖など新たに経済的に辺区を追いつめる方針に切り替えたのである。

第三次治安強化運動は一一月一日から一二月二五日まで実施された。この期間中、具体的に何が行われたか。「晋察冀辺区北岳区公安局関于敵寇三次治運材料総結」（「晋察冀辺区北岳区公安局第三次治安強化運動に関する記録のまとめ」）、『華北治安強化運動』所収）をもとにみていく。

第三次治安強化運動によって晋察冀辺区に入らなくなった物資は以下のとおりである。①兵器類および関連薬品（兵器・弾薬・硫黄・電池・セメント・鉄鍋《てつなべ》・染料・化学薬品）、②農産品および関連製品（綿花・綿糸・綿布・皮革・羊毛・麻・塩・砂糖・穀物）、③燃料および関連製品（石油・石炭・マッチ・タバコ・ろうそく・紙・墨）、④機器類（印刷機、医薬品関連機器）。

これら物資は、およそ辺区内での生産が難しく、かつ辺区の維持に不可欠なものばかりだった。

北支那方面軍は、晋察冀辺区を囲むように山西省東部の太行《たいこう》山脈から黄河下流域に至る一帯を封鎖圏とする。特に、同区を南北に貫く京漢線からは物資のおよそ六割が流入すると判断。沿線の主要都市は重要な封鎖対象とされたのだ。

河北省の場合、日本軍占領地内からの物資流出を止めるために、華北政権の河北省政府と新民会河北省総会などが共同で経済封鎖委員会と物資対策委員会を発足させる。とりわけ、物資統制は後者がおもに担った。

物資対策委員会は、省政府公署・北支那方面軍司令部・県警察所・県商会によって組織される。鉄道と道路の要所に検査所を置き、そこを通過するすべての物資を警官や保甲自衛団らが検査した。また、各道路の出入り口には、いくつもの遮断壕を設けて封鎖線を形成し、住民の勝手な往来を禁止。もし、彼らがそれを破った場合は、警官らが射殺するという厳しい措置がとられたのである。

遮断壕について、「従淶源到娘子関的〝封鎖壕〟的闘争」（「淶源《らいげん》から娘子関《じょうしかん》までの〝封鎖壕〟の闘争」、『晋察冀日報』、一九四二年二月一〇日、同右所収）を用いて、いまいちど説明を加えたい。

記事では、淶源から娘子関に構築された遮断壕に関して次のように報じている。なお淶源は河北省中部、現在の保定《ほてい》市の一部、娘子関は淶源を西に進んだ山西省との境に位置する。娘子関は、日中戦争序盤の三七年一〇月、山西省へ進攻しようとした日本軍第二〇師団と、それを阻止する中国軍とで激戦が繰り広げられたところとして知られる（娘子関の戦い）。

　淶源西南から娘子関まで、敵は一本の「遮断壕」を構築し、その周囲に密々とトーチカを置いた（およそ一・五キロメートルにひとつ）。トーチカごとに十余人あるいは数十人の傀儡軍の看守がいた。トーチカとトーチカの間には見張り台が設置され、敵の保甲自衛団が見回っていた。このようであったにも拘《かかわ》らず、敵はまだ占領地の確保という目的が達成できていないと不安になり、第一線の「遮断壕」の西に数十キロメートルにわたる第二の「遮断壕」を構築したのだ。

この長い遮断壕はどのように建設されたか。

敵は、霊寿《れいじゅ》と行唐《こうとう》で一五歳以上の男女を捕まえ、彼らを脅迫してその仲間たちに血の汗が流れたような泥土に「遮断壕」を構築させた。多くの同胞は壕を作りたくなかったので、敵に丸裸にされ、いばらで鞭《むち》打たれ、もし仕事が遅かったら、生き埋めにあうこともあった。(引用者略)

「遮断壕」の外約三キロメートルの地域は「無人区」とされ、「無人区」内は焼き尽くされた。行唐・霊寿・平山《へいざん》(現石家荘《せきかそう》市内)三県の五〇以上の村は一片のかけらもなく焼かれた。

すみかを無人区にされた住民は、その後どうなったか。彼らは日本軍が設置した集団村落(集家併村《しゅうかへいそん》)に居住させられ、軍と警察の厳しい監視下に置かれて農作業をさせられたのである。中国人はこれを家畜の囲いになぞらえて、人圏《じんけん》(人囲い)と呼んだ。人圏を嫌った住民は、命がけでそこを脱出し、八路軍や抗日ゲリラのもとに逃げこむ。

無人区はおもに万里《ばんり》の長城《ちょうじょう》南側の河北省東部から北部一帯に設置されていたが、前述の記事でわかるように、晋察冀辺区のある河北省中部にも遮断壕に沿って作られていたのである。

辺区はこのような厳しい経済封鎖を受けてどうなったのだろうか。当時、第三軍分区政治委員を務めていた王平《おうへい》は次のように語る。なお、第三軍分区は、保定南部の京漢線沿線などを守備領域としたが、日本軍はすでに同区の七割を占領し、かつ京漢線をまたいで三重の封鎖線を構築していた。

日本軍の侵略と経済封鎖で、抗日根拠地は重大な損害を被っていた。彼らは至るところで殺人放火を行い、資産を略奪し、家屋を焼き払ったので、民衆は避難し、田畑は荒れ果てた。部隊が丸一日行軍することは困難を極めた。毎日二食しか食べることができない。しかも、一食目は干した黒豆とトウモロコシの饅頭《まんじゅう》。もう一食は黒豆とトウモロコシ粥《がゆ》だ。その後、それらすら食べられなくなったので、野草の葉のみで飢えをしのいだ。（「晋察冀辺区軍民反〝掃蕩〟反〝蚕食〟反〝封鎖〟闘争」、『晋察冀抗日根拠地　第二冊』所収）

兵士に充分な食料が行き届かなければ、戦力の維持は難しい。また、兵士ですらまともに食べられないということは、辺区に住む住民らはさらに過酷な食料事情であったろう。

なお、北支那方面軍司令官の岡村寧次《おかむらやすじ》大将が後に認《したた》めた手記（『岡村寧次大将資料　上巻』所収）によると、第三次治安強化運動開始直後の一一月三日、彼は司令部幹部らを前に「滅共愛民」を説き、民心把握のために、戦場での「焼くな、犯すな、殺すな」の徹底を訓示したという。前述の王平の証言からは、実際の戦場では、岡村の訓示が何ら守られていなかったことがわかる。

晋察冀辺区をはじめとする華北の辺区は、三九年より自然災害にみまわれ、大きな経済的危機を迎えていた。第三次治安強化運動での経済封鎖と粛正は、それに輪をかけて襲ってきた致命的一撃だった。

『晋察冀抗日根拠地財政経済史稿』によると、同運動終了後の四二年、冀中区の農業収入は例年の半分ほどに留《とど》まり、西部の北岳区ではさらに減って三割から四割しかない。また、辺区全体で食料が乏しくなり、食塩・石油・マッチ・薬品・布などもきわめて不足し、区内の物価も跳ねあがったのである。第三次治安強化運動の成果が辺区経済に重大な打撃を与えていたのだ。

食糧事情の悪化により、辺区の人口は減少。区内の労働力が足りなくなっただけでなく、連日の日本軍との戦いで疲弊する八路軍へ満足に兵を補充できなくなった。

この事態に四二年一月一五日、晋察冀辺区内の軍区と軍分区の司令官らが集まって高級幹部会が開かれた。このなかで、彼らは中共中央が提示した「関于抗日根拠地軍事建設的指示」（「抗日根拠地の軍事建設に関する指示」）に従い、所有する部隊の整理、いわゆる精兵簡政《せいへいかんせい》を実施することを決めた。精兵は部隊の整理と再編成で、簡政は行政機関の整理統合による合理化である。

まず、精兵について。各軍区は、老齢や病身で戦闘に参加できない兵を除隊させたり、足手まといになる軍馬などを減らしたりして部隊の質を高めるとともに、攻撃力と機動力を充実させ、すぐに反攻に転じられるよう準備を整えた。同時に、部隊を精強な主力軍と遊撃戦主体の小規模な地方軍に振り分け、作戦に応じてそれぞれが出動できる態勢を整える。また、各部隊の給与についても、主力軍は辺区政府から、地方軍は各県政府などから支給するようにし、それぞれの政府の財政負担を軽くした。

もうひとつの簡政は、各級政府の人事や組織形態を見直し、必要がないと判断したものから次々と整理していく。その結果、北岳区の場合、政府職員が三万三〇〇〇人から二万五〇〇〇人と、およそ八〇〇〇人削減された。この精兵簡政はその後も数回実施されていく。

追いつめられたのは辺区だけだったか

第三次治安強化運動で辺区の民衆が悲鳴をあげているとき、遮断壕を挟んで辺区の反対側にいた華北政権下の民衆はどのような状況にあったのか。再び「晋察冀辺区北岳区公安局関于敵寇三次治運材料総結」をみてみる。

前述のとおり、第三次治安強化運動において、華北政権側で辺区に対する物資統制の業務を担ったのは、物資対策委員会だったが、同政権側の物資の統制と配給を管轄するもうひとつの組織として、物資資源統制配給本部があった。これは政務委員会側から辺区に重要物資が渡らないよう、あらかじめ配給制にし、華北政権または日本軍側で物資を管理するために設けられたものだ。

たとえば、綿花の流通を統制するため、新たに綿業工会を組織して綿業市場と綿業交易所を設け、農民は封鎖線を越えることなく、生産した綿花を近くの町の指定した場所で卸す。その際は、交易所が定めた価格で払い下げなければならない。

食料統制の場合、糧業工会が作られ、毎日町に入ってくる食料と売り出されるそれの量を調整し、その一部を日本軍が指定した倉庫に食料保管委員会が保管する。住民には規定に定められた分の食料が配給されたが、その量は、ひとり一食粟《あわ》三合だ。商家は毎月ひとり小麦粉一キログラムを手に入れることができたが、農民にはいっさいなかった。食塩は毎月ひとり五〇〇グラム、油は毎月各家庭に一・五キログラムの配給を受けられた。当然、これだけの量では生活を続けることは厳しい。

すでに、日本では三八年より綿糸の配給制が始まり、四一年には米の配給も実施される。中国の日本軍占領地での配給制は、日本の後を追うようにして始まったのだ。

第三次治安強化運動は、辺区の民衆だけでなく、辺区と敵対していたはずの日本軍占領地の民衆をも追いつめていたのだ。

八路軍は囲いこんだ「兎」と同じ

たび重なる治安強化運動で、晋察冀辺区が深刻なダメージを受けると、日本軍は満を持して、同辺区に対する徹底的な粛正作戦を実行する。日本軍はどう戦い、八路軍はこれにどうやって抵抗したか。ここでは、「後期日中戦争」中の四二年五月から六月にかけて行われた冀中作戦（三号作戦。中国側呼称は五一反掃蕩）を例にみていこう。

戦いの舞台となった冀中軍区は、上述のとおり、晋察冀辺区のなかの一軍区で、河北省中部を通る京漢線・京山《けいざん》線（北寧《ほくねい》線。北京—山海関《さんかいかん》）・津浦《しんぽ》線（天津—浦口《ほこう》）・石徳《せきとく》線（石門《せきもん》〔石家荘〕—徳県《とくけん》〔徳州〕）の四鉄道路線に挟まれた一帯にある。大きさは東西に約一五〇キロメートル、南北に約三〇〇キロメートル、総面積はおよそ四万五〇〇〇平方キロメートルに及ぶ。そのなかには五〇ヶ所ほどの県があり、四〇年頃にはおよそ六〇〇万人の人々が住んでいた。肥沃《ひよく》な土地のうえ、黄河の支流を使った水運が盛んだったことから、この地は古くより「華北の穀物倉庫、北京と天津の入口」(「華北糧倉、京津門戸」)と称される。

三八年四月、日中戦争勃発以来、この地で活動していた複数の抗日武装団体が、中共中央の呼びかけのもと、八路軍第三縦隊として統合され、冀中軍区を形成した。兵力は約四万人。

冀中軍区を率いていた呂正操は、奉天の東北陸軍講武堂の出身。三三年、国民革命軍第五三軍の団長に就いたとき、軍内に潜入していた中共党員の誘いを受け、抗日運動に携わる。その後、団内に仲間を増やしていき、三七年五月には、自らが中共に入党した。

日中戦争が始まると、呂は第五三軍の指揮のもと、華北の前線で戦ったが、三ヶ月後の一〇月、同軍が撤退を命じるとこれを拒否し、人民自衛軍を結成。第五三軍との関係を絶つと同時に、八路軍と連繫しながら前線に踏みとどまったのだ。

一二月、呂は晋察冀辺区で聶栄臻と会い、以後、聶の片腕として辺区と冀中軍区を守っていく。

冀中軍区は、ほかの軍区と同じく、百団大戦後、日本側の猛烈な粛正作戦と徹底的な治安強化運動の標的となる。軍区を通る線路と道路には長大な遮断壕が幾重にも築かれ、辺区への物資流入を阻んだ。そのうえで、日本軍と傀儡軍は軍区に攻撃を繰り返す。

たとえば、冀中軍区の定興《ていこう》・徐水《じょすい》・保定一帯には、四一年四月頃から、傀儡軍およそ二〇〇〇人が現れ、粛正作戦を実施。八路軍の拠点を徐々に落としていく。六月にはその作戦に日本軍も加わり激しさを増す。一八日、軍区中部にある白洋淀《はくようてん》近くの三台村《さんだいそん》で起きた戦いでは、八路軍側に五〇〇人あまりの犠牲者が生じ、地元の中共党組織の一部に村外や地下道へと退却を余儀なくさせる。津浦線沿線では、日本軍と傀儡軍二、三〇〇〇人が八路軍に対する包囲攻撃を実施し、彼らに大きな損害を与えた。

これら日本側の猛攻と厳しい経済封鎖により、冀中作戦が始まる直前の四二年四月までに、冀中軍区は支配領域の三分の二を失う。残っているのは、軍区南部の一部だけである。日本軍は、彼らを絶体絶命のピンチに追い込んだうえで、冀中作戦を実施したのだ。

四月中旬に北支那方面軍司令部が作成した冀中作戦の方針は、およそ次のとおりだった。

呂正操を司令とする冀中地区の共産党軍主力に対し、急襲的包囲作戦を実施し、その根拠を覆滅するとともに、政治、経済、思想等の諸施策を併用して、一挙に治安地区の実現を図る。(『北支の治安戦〈2〉』)

縮小した冀中軍区の八路軍を包囲殲滅《せんめつ》して、彼らの息の根を止めると同時に、治安を安定させることで、手に入れた占領地域を未治安地区から一気に治安地区へ引き上げようとしたのだ。

作戦には次の部隊が参加した。第四一師団主力・独混第九旅団の歩兵二個大隊・第一一〇師団白瀧《しろたき》部隊・第二六師団坂本《さかもと》支隊（支隊は、特別な作戦任務につくために本来の指揮系統から分離した部隊）・騎兵第一三聯隊・独混第七旅団小川《おがわ》部隊。そのほか、第一一〇師団と第二七師団などが側面から作戦に協力する。

作戦期間は、五月初めから六月中旬までのおよそ一ヶ月半で、全三期とする。第一期は五月一日から一〇日まで。まず、白瀧部隊が冀中軍区南部の滹沱《こだ》河北岸、小川部隊が滹沱河付近の河間《かかん》と粛寧《しゅくねい》、独混第九旅団が滹沱河南方を通る石徳線南側地区をそれぞれ粛正し、八路軍を滹沱河・滏陽《ふよう》河・石徳線に囲まれた三角地帯に追い込む。山西省から進軍する第四一師団は、滏陽河河畔の邯鄲《かんたん》・順徳《じゅんとく》（現邢台《けいだい》市）で陽動作戦を実施したうえで、石徳線沿線の戦場に向かう。

第二期は一一日から一五日まで。三角地帯の周辺に集結した各部隊が八路軍を包囲攻撃し、これを殲滅する。

第三期は一六日から六月二〇日まで。三角地帯の敵残存兵を一掃するとともに、冀中軍区の各施設を破壊。その後、第四一師団による警備体制を強化しながら、同地帯の治安を急速に回復させる。

同作戦を実施するにあたり、大きい平地での戦闘経験に乏しかった第四一師団は、「兎追い戦法」という戦い方を事前に訓練した。これは、師団の各歩兵中隊が隷下部隊を約五〇〇メートルの間隔をとって分散配置し、敵の所在がわかったら、それら部隊がまるで兎を追い込むように敵を包囲して倒すという戦法だ。日本軍にとって冀中軍区の八路軍は、囲いの隅に追いやられて今まさに捕まえられようとしている兎と同じだった。

この冀中作戦に対し、八路軍はどのように対抗しようとしたか。

「兎」は逃げたか

太平洋戦争の開戦を受けて、中共中央は四一年一二月、「中共中央関于太平洋戦争爆発後敵後抗日根拠地工作的指示」（「太平洋戦争開戦後の抗日根拠地の工作に関する指示」、『晋察冀抗日根拠地　第一冊（文献選編下）』所収）を発した。このなかで彼らは、太平洋戦争の開戦が中国の抗戦にとって有利なことで、積極的に反攻を準備する好機であると判断する。この考えのもと、彼らは今後の辺区の軍事方針について次のように示した。

もし敵が掃討を実行したら、これに強く反抗する。もし敵が掃討をしなければ、必要な遊撃戦争以外は、時間を使って兵を休養させ、体力を取り戻させなければならない。

つまり、彼らは来たる反攻に備え、必要な場合以外は戦いを避け、兵力を温存させようとしたのだ。しかし、晋察冀辺区はすぐにでも日本軍に抵抗しなければ、冀中軍区すべてを失いかねない。

四二年四月二五日、晋察冀辺区の各種工作を指導する中共中央北方分局は、「中共中央北方分局関于人民武装工作的指示」(「人民武装工作に関する指示」、同右所収)を発し、次のとおりに述べて民兵を積極的に活用するよう命じたのだ。

反掃討戦中、各地の我が主力部隊と地方軍は、小部隊を派遣して民兵のなかに入り込み、民兵とともに戦い、民兵の戦術を採用し、民兵の戦闘力を増強する。また、『麻雀《マーチュエ》戦』と『蛮子《マンズ》戦』でもって戦いを展開していく。

ここでいう民兵とは、辺区内の一六歳から二三歳までの青年で組織された青年抗日先鋒《せんぽう》隊と、二四歳から三五歳の壮年で結成された模範自衛隊を指す。彼らは正規軍とは違い、農業など生産活動から離脱しない。

地雷を埋める八路軍民兵（『中国抗日戦争画史新編』所収）。

麻雀戦はごく少数の兵で部隊を組み、スズメ（麻雀）があちこち飛び回るように、散発的に遊撃戦を行う戦闘方法であり、蚕子戦も相手の意表をついて隠れたところから絶えず射撃を続ける遊撃戦法のひとつだ。

民兵は抗日意識が強かったものの、組織力が弱く、武器も劣悪だった。だが、有利な点は、遊撃戦で必要とされる「少人数で組織し、小さな集団で分散するというきわめて不規則な戦闘隊形をとることができる」ことだ。特に武器については、「基本的に地雷と旧来の野砲を採用。適切に少数を配備し、素早く攻撃を加える。武器は計画的に製造し、無益な消耗を防ぐ」。

地雷は爆薬とそれを包む鉄があれば安価でかつ簡単に製造できる。もし鉄がなくても、爆薬を石で囲めば石雷として日本軍に充分な被害を与えられた。

戦術についても、「冀中と冀西の平原での地下道戦は、幹部と民衆の損失を少なくできるとともに、頑強にその地区を守り抜くうえで、相当な効果を得られる。そのために、まず敵地区と接する平原に、組織的に地下道を構築する計画を立て、かつ改良を加える研究を続けていかなければならない」。

この地下道（トンネル）とは、もともと農民らが収穫した農作物を貯蔵するために掘った穴蔵だ。この穴を掘り進めて連結させることで、地下に張りめぐらされた道となる。この地下道は冀中軍区の指示により、高さが一・五メートル以上、幅と天井の厚さがともに一メートル以上と定められた。また構造は地上の地形と合わせ、爆弾戦や伏兵戦にも対応できるよう改造されたのである。

さらに、滹沱河と滏陽河が交わる冀中軍区南部の献県《けんけん》には、村の党幹部らによって地下道に病院が開設された。「地下医院」と称するこの病院は、一〇〇人あまりの負傷者を収容でき、簡単な手術もできたという。ここまで来ると、地下道はたんなる逃げ道でなく、抗戦を支える血管のような役割を担っていたといえよう。この地下道を巧みに使った神出鬼没の遊撃戦を地道戦（地下道戦）という。

日本軍に追いつめられた「兎」の八路軍は、遊撃戦で挑む民兵・安価な地雷・血管のような地下道という三つの「武器」で、取り囲む日本軍に戦いを挑んだのだ。

「兎」はいったいどこへ

まず、「独立歩兵第十二聯隊（坂本支隊）戦闘詳報」（防衛研究所戦史研究センター所蔵）をもとに、冀中作戦の様子をたどろう。坂本支隊は、独歩第一二聯隊長の坂本吉太郎《きちたろう》大佐を支隊長とする部隊で、二個大隊からなる。

同支隊は、作戦開始六日前の四月二五日に編成され、翌二六日、白瀧部隊の指揮下に入った。そして、坂本支隊本部は第一梯団《ていだん》（以下、坂本部隊）、菅澤直記《すがさわなおき》少佐率いる支隊第一大隊は第二梯団（以下、菅澤部隊）、譜久村安英《ふくむらやすひで》中佐率いる支隊第二大隊は第三梯団（以下、譜久村部隊）に改編される。

兵力はおよそ一六〇〇人。彼らは、京漢線の保定と石家荘の中間地点にある定県《ていけん》と新楽《しんらく》に集結を命じられた。

戦闘を始めるにあたり、坂本は作戦地域の地形を調査。その結果、辺区に入ると、いたるところに日本軍の進路を阻む塹壕《ざんごう》（交通壕）が構築されていた。また、集落付近には埋設された地雷と地下道があり、彼らの進行をさらに厳しくさせる。加えて、住民らの抗日意識も高く、彼らから八路軍の情報を得ることも難しかった。

このような状況のなか、五月一日、坂本支隊は定県南東方の邢邑《けいゆう》鎮周辺に第七軍分区の民兵を含む八路軍二〇〇〇人がいるという情報を得てこれを攻撃に向かう。だが、彼らが同地に到着したとき、八路軍はすでに撤退していた。支隊はそのまま前進し、滹沱河沿いの集落の深沢《しんたく》に進む。

同地はすでに白瀧部隊の攻撃を受けており、八路軍主力はすでに撤退し、一部が便衣兵となって抵抗を試みようとしていた。便衣兵とは、軍服を脱いで民衆に姿をかえた兵のことをいう。日本軍は民衆と見分けのつかない彼らから攻撃を受けることを恐れた。日中戦争での日本の戦争犯罪のひとつとして知られる南京大虐殺は、日本軍占領下の南京で、便衣兵と間違われた民衆が数多く命を奪われたことが問題となっている。

坂本が作戦前に地形の調査を行ったところ、「本行動地区一帯は、交通壕地下壕の構築甚だしく、殆んど全部落地下壕を構築しありて、甚だしきは三ヶ村約七―八粁《キロメートル》に亘る間連接しあるの状態にして、敵を捕捉するには極めて困難なる状態なりき」。

地下道がある限り、坂本支隊は八路軍を追いつめることができなかったのである。支隊は充分な敵情を得られないまま掃討戦を敢行。集落内にあった八路軍の食料倉庫と地雷倉庫を摘発する。さらに、譜久村部隊の古内隊は、滹沱河対岸の集落の馬舗《ばほ》をめぐって次のような激しい戦いを展開した。

敵は部落の囲壁銃眼に拠り我を猛射し、剰《あまつさ》へ敵迫撃砲の弾着は正確にして、拠るべき地物なき平坦地の前進は頗る困難なりしも、折から開始せる我聯隊砲の射撃は熾烈且適確にして、当面の敵を沈黙せしむ。隊長は此の好機を捉へ、敢然発進し、敵前百米の至近距離の膝を没する水深を物ともせず一気に滹沱河を渡河《とが》し、馬舗の一角に突入せり。

（「独立歩兵第十二聯隊（坂本支隊）戦闘詳報」）

その後、彼らは馬舗一帯を掃討するが、八路軍の姿を見ることはほとんどなかった。

五月一〇日、坂本支隊は白瀧支隊から池ノ上賢吉少将を旅団長とする独混第九旅団の隷下に移る。深沢周辺の八路軍を四散させた彼らは、さらに東南方に進んだ角邱《かくきゅう》鎮で粛正を行う。しかし、ここでも八路軍主力を逃す。

高存信《こうそんしん》「粉砕〝五一〟大掃蕩」（『晋察冀抗日根拠地　第二冊』所収）によると、冀中作戦が始まった五月一日から一〇日までに、第七軍分区内で起きた日本軍との戦いは、合計で二一回、死傷者は日本軍約三〇〇人、中国側は約四〇人だったという。

その後、坂本支隊は作戦が終了する六月一〇日まで、滹沱河両岸一帯で粛正作戦を繰り返す。約四〇日の作戦期間中、彼らは将校三人を含む二八人の戦死者を出した一方、八九九人の八路軍兵を倒し、二三八人の捕虜を得た。だが、地下道を使った八路軍の巧みな戦術により、冀中軍区の彼らを一掃し、そこを一気に治安地区にするという、日本軍の当初の作戦目的はなんら達成されなかったのである。

日本軍は地下道に毒ガスをばらまいた

別の部隊の動きもみていこう。第一一〇師団第一六三聯隊は、五月二八日より滹沱河下流の饒陽《じようよう》県西部にある西張崗《せいちようこう》付近で戦闘を開始する。この周辺は北支那方面軍のいう未治安地区で、偵察の結果、重火器を備えた八路軍四六〇人が潜んでいた。

同聯隊第三大隊第一一中隊の記録である「饒陽県西張崗付近戦斗詳報」(「第百十師団歩兵第百六十三連隊第三大隊関係戦斗詳報」所収)によると、同日昼頃、同中隊第一小隊が西張崗北方の西談論《せいだんろん》で八路軍と遭遇。「敵は同小隊の兵力寡少なるを知るや、一挙に之を突破遁走すべく熾烈なる火力を集中して猛烈に反撃し来たるも、小隊長以下一致団結、交通壕を巧に利用して奮闘し、数次に亘る敵の反撃を破砕し、寡兵克《よ》く其の西南逸を完封、敵包囲撃滅の因を作為せり」。

西談論西側に展開していた第二小隊は、第一小隊の一部とともに、第三小隊に追われてきた八路軍部隊を攻撃し、さらに追いつめていく。

相手は塹壕に隠れ抵抗を試みる。これに対し、「中隊は東西両方面より壕内に蝟集して混乱の極に達せる敵主力に対し、火力を集中して先づ両側敵重機関銃を相前後して撲滅す。敵は重火器の沈黙と共に多数の死傷者を生じ、戦意頓《にわか》に喪失して敵陣更に動揺せるを看取せる中隊は、機を失せず東西相呼応して突撃を敢行。中隊長を先頭に敵中に突入、随処に白兵を奪って刺殺又は捕虜とし、其の主力を撃滅す」。

第一一中隊は、坂本支隊とは異なり、冀中作戦の方針どおり、八路軍を急襲し、包囲殲滅することに成功したのだ。

ところで、呂正操ら冀中軍区幹部は冀中作戦における第一六三聯隊との戦いについて、次のような証言を残している。

五月二七日六時頃、日本軍第一一〇師団の保定駐屯《ちゅうとん》の第一六三連隊主力と、安国《あんこく》と定県の部隊を合わせたおよそ二〇〇〇人は、連隊長上坂雄《ママ》の統率のもと、北町村《ほくちょう》を包囲し、猛烈な進攻を始める。北町村駐屯の県大隊と民兵は、県大隊政治委員趙樹光《ちょうじゅこう》の指揮のもと、冷静に抵抗し、村の防衛工事も守り抜き、敵を三回撃退した。午後我々は地下道を使って敵を駆逐し、五、六〇人倒す。最後、敵は村に押し入り、地下道を開けて毒ガスを流し込み、焼き尽くし、殺し尽くし、略奪し尽くしたのだ。さらに、軍犬に人々を噛《か》

ませ、人を井戸の中に埋めたのである。(『冀中平原抗日遊撃戦』、『八路軍　回憶史料(1)』所収)

この証言どおりとするなら、第一六三聯隊は、饒陽での戦いの前日に、北町村というところで、いわゆる三光作戦を実施し、その際に、毒ガス兵器も使用したということになる。ちなみに、前述の第三大隊第一一中隊の戦闘詳報には、戦闘中にこれら人道に反するような攻撃を行ったという記述はない。

毒ガス兵器は、一九〇七年のハーグ陸戦条約と、二五年のジュネーブ議定書で戦場での使用が禁止されている。しかし、日本はジュネーブ議定書を批准していないなどの理由で、使い続けていたのだ。前書で取り上げたとおり、冀中作戦と同時期に浙江《せっこう》省と江西《こうせい》省で行われていた浙贛《せっかん》作戦では、同じく使用禁止された細菌兵器とともに戦場へばらまかれた。日本側の理由はともかく、毒ガスは近代戦における非道な兵器として、国際的に使用が認められていなかったことをここでは強調しておきたい。

呂らの証言ははたして正しいのか。冀中作戦で第一六三聯隊長を務め、戦後日本人戦犯として撫順《ぶじゅん》戦犯管理所に収監された上坂勝は、「自我総結」(「日本の侵略の真実を伝える公文書」、『人民網』所収)と題する供述書を残している。このなかで彼は、冀中作戦でのできごとについて次のように述べた。

師団命令に依り、第一大隊を定県より出発させ、主力（第二、第三大隊）を保定―徐水間の地区より高陽及粛寧附近を経て、安平北方滹沱川と《ママ》瀦龍《ちよりゅう》川中間地区に向って侵略攻撃させました。

出発前、各大隊に毒瓦斯《どくガス》赤筒、緑筒を与へ、此の侵略作戦間努めて機会を求め、特に地下壕の戦闘に之を使用して其用法を実験し、侵略作戦終了後、所見を提出すべきことを命じました。

赤筒と緑筒はどちらも発煙筒型の毒ガス兵器で、前者はくしゃみや嘔吐《おうと》を誘発するガス、後者は催涙性ガスが充塡《じゅうてん》されている。これらは一定量を吸う限り命の危険は少ない非致死性のものであるが、日本軍の毒ガス兵器にはこれ以外に、粘膜をただれさせるイペリットと呼ばれるマスタードガスや、吸うと呼吸器に障害を及ぼす窒息性のホスゲンガスを満たした致死性のものもあった。中国戦線で日本軍が使用した毒ガス兵器は、おもに非致死性のものであったため、戦後日本の一部では、毒ガス兵器による戦争犯罪について疑義を呈する意見がみられる。

いずれにしても、上坂は冀中作戦に際し、隷下各部隊に八路軍の地道戦では、毒ガス弾を実験的に使用し、その効果を報告するよう命じていたのだ。

それでは、実際にそれら毒ガス弾はどのように使用されたか。上坂は言う。

第一大隊は五月二十七日早朝、定県《ていけん》を出発し侵略前進中、同地東南方約二十二粁の地点に於て八路軍と遭遇しました。大隊は直ちに主力を展開して之を包囲攻撃し、八路軍戦士に対し殲滅的打撃を与へたのみならず、多数の平和住民をも殺害いたしました。大隊は此の戦闘に於て、赤筒及緑筒の毒瓦斯を使用し、機関銃の掃射と相俟って八路軍戦士のみならず、逃げ迷ふ住民をも射殺しました。又部落内を「掃蕩」し、多数の住民が遁入せる地下壕内に毒瓦斯赤筒・緑筒を投入して窒息せしめ、或は苦痛のため飛び出す住民を射殺し、刺殺し、斬殺する等の残虐行為をいたしました。

このとき、第一大隊に殺害された八路軍将兵と住民はおよそ八〇〇人。あわせて中国側の兵器や物資なども略奪していった。これはまさに呂正操らが証言したことと符合する。

本書冒頭で述べたとおり、撫順戦犯管理所で「認罪」した戦犯の証言のなかには、虚実が入り交じっていることがあった。同所にいた上坂の場合も慎重に扱う必要があるが、「NH

K戦争証言アーカイブス」に掲載されている第一六三聯隊の元将兵一〇人の証言を視聴すると、上坂の証言が決してまったくの誤りではないということがわかる。

念のため、ここで同アーカイブスに掲載されている同聯隊第二中隊長の木村喜義《きむらきよし》の証言を紹介する。なお、呂らの証言にある「北町村」、および上坂ら同聯隊が進攻した「同地東南方約二十二粁の地点」とは、かつての定県、現在の定州市《ていしゅう》北坦村《ほくたん》にあたる。

あか筒。涙がポロポロポロと出る。これは毒ガスだからね。うちの第一大隊が北坦村というところで、大江《おおえ》少佐が行ってみたら敵がおらへんでしょう。あか筒を壕のなかに放り込みよった。それで苦しいから出てくるでしょう。それをみんな殺しちゃった。大きな問題になりました。それで上坂連隊長はそれで一八年間、それだけで内地に帰れなかった。大江少佐は内地へ帰っておると無罪。部下がやっても最高指揮官がみんな責任を負わされた。（「点と線での支配の限界」、「NHK戦争証言アーカイブス」所収）

日本軍のこの非人道的攻撃に、八路軍はいかに立ち向かっていったのだろうか。

日本軍と国共両軍三つ巴の戦い

第三次治安強化運動が始まった四一年秋から、冀中作戦など粛正作戦が繰り返された四二年までを聶栄臻は次のように振り返る。

日本侵略軍は一九四一年秋の大掃討中、狂ったように三光作戦を実行した。山岳地帯の根拠地の破壊と略奪はきわめて深刻だった。太平洋戦争開戦後、日本侵略軍は、大規模な侵略戦争を続け、我が国の人力・物力・財力を狂奔的に略奪した。華北はその略奪の重要拠点であったため、華北の抗日根拠地は、自然とその最重要拠点となっていく。

(『聶栄臻回憶録(中)』)

毛沢東も四四年四月一二日、延安《えんあん》高級幹部会議で発表した「学習与時局」(「学習と時局」、『毛沢東選集 第三巻』所収)のなかで、「我が党は一九四一年と一九四二年の二年間において、極端に困難な位置にあった。この段階で、我が党の根拠地は縮小し、人口も五〇〇〇万人以下となり、八路軍も三〇万人あまりまで減った。幹部の喪失も多く、財政もきわめて危機に陥った」と評している。

このような過酷な状況のなかで、毛は四二年春頃より、党全体を対象とする整風運動を展開していく。これは党内に残る古い体質や誤った見方を批判し、全党員に向けて党の統一的指導のもとでの団結の強化を目的とした。だが、その実は党内に依然として残る反毛沢東勢力を一掃し、党における毛の独裁的権力を確立しようとしたものだ。陝甘寧辺区で始まった整風運動は、華北の各根拠地でも行われる。

日本軍の動きも見ていこう。北支那方面軍の粛正作戦は、四三年に入っても続いた。特に大規模な戦いのひとつだったのが、一八春太行作戦（「ヨ」号作戦）だ。これは同年四月二〇日からおよそ一ヶ月の間、山西省と境を接する河北省西部の太行山脈南方に展開する国府軍第二四集団軍と八路軍第一二九師をおもに撃滅することを目的とした。

戦いの様子はどうだったか。国民革命軍の何応欽《かおうきん》参謀総長が受けた国府軍側の戦況報告は次のとおりであった。

　日本軍は、諸兵連合兵力約五万余をもって各地から分路し、四月十六《ママ》日全面包囲攻撃を開始した。第二四集団軍の前進拠点は勇戦抵抗したが、相次いで突破された。しかし、集団軍主力は陵川《りょうせん》（山西省東南部の都市──引用者注）東方地区を保持し、機動態勢をもって敵を邀撃し、十八日から二十四日まで猛烈な主力戦を展開した。その後、わが軍は一部を山地区に残置し、主力を敵後方に挺進させて挟撃したため、敵は五月上旬、一部をもって重要拠点を固守させ主力は逐次反転した。わが軍はこの機に乗じ、五月中旬大挙して反撃に転じ、敵に甚大な損害を与え、各拠点を回復した。（引用者中略）ただ、ここに一痛恨事とすべきことは、彼我交戦中、第一八集団軍（八路軍のこと—引用者注）がこの機に乗じ、わが軍を挟撃し、わが作戦を困難に陥れた事実である。

（『北支の治安戦〈2〉』）

報告では、この戦いで国府軍が日本軍に大きな損害を与えたとあるが、彼らの主力だった第二四集団軍総司令の龐炳勲や新編第五軍長の孫殿英が、日本軍に投降しており、損害は双方で出ていた。

また、国共両軍でも戦いが起きていたとあるが、両者の争いはこれだけではない。一八春太行作戦終了後の七月、国民党の胡《こ》宗南《そうなん》を総司令とする第三四集団軍が、中共中央の本拠地である陝甘寧辺区の首府延安を襲ったのだ。軍事攻撃にまで至る国民党と中共との激しい対立を反共高潮《こうちょう》という。

なお、反共高潮はこれ以前にすでに二回（第一次—三九年春から四〇年春。第二次—四〇年一〇月から四一年三月）起きており、四三年のこれは三回目（第三次）となる。

国民党員のなかには、共産主義に強い反発を抱いている者が多くいた。中共から「頑固

日本軍に投降した孫殿英（左から２人目。『歩兵第二百二十聯隊』所収）。

派」と揶揄《やゆ》されたその保守派のひとりが、他ならぬ蔣介石だ。彼は国共合作を模索していた孫文《そんぶん》の命を受けて、二三年九月、訪ソ団のひとりとしてソ連の首都モスクワを訪れた。その際、ソ連や共産主義に対する不信感を抱き、帰国後、中共へ厳しい視線を向けていく。二七年四月一二日、蔣介石に率いられた国民革命軍が、上海で多くの中共党員とゼネストを起こした労働者らを逮捕した、いわゆる四・一二クーデターは、彼の反共主義を象徴する事件だ。

四三年二月、スターリングラードの戦いで、ソ連軍が七ヶ月の攻防の末、ナチスドイツ軍を撃退すると、世界的な共産勢力の拡大を警戒した蔣は、中共にさらなる弾圧を加えようとする。太行作戦での争いや胡軍の延安攻撃は、まさにこの一連の流れのなかにあったのだ。

蔣介石の態勢不安を露呈させた『中国の命運』

第三次反共高潮中の四三年三月、国民党系出版社の正中書局より『中国之命運』が発刊された。著者は蔣介石とされたが、実際は蔣の側近で、侍従室第五組長を務めていた陶希聖《とうきせい》がおもに執筆にあたったという。彼はかつて北京大学や北京師範大学などで教鞭《きょうべん》をとっていた国民党きっての理論家だ。日中戦争では、当初和平派に属し、汪兆銘の和平運動に関わっていた。

だが、日本側に妥協を繰り返す汪らに失望し、四〇年一月、同派の高宗武《こうそうぶ》とともに、汪と日本側が結んだ「売国的」内容を含んだ密約の存在を新聞紙上で暴露したのだ。その後、重慶に戻り、蔣介石の意を受けて関係者とともに同書の作成に携わっていく。

同書の日本語版『中国の命運』によると、刊行後、年末までに数十万部（数百万部という説もあり）が爆発的に売れ、数十の国々で翻訳されて出版されたという。

はたしてどのような内容か。森川裕貫《もりかわひろき》（関西学院大学准教授）「蔣介石『中国之命運』の国際的反響」（『東洋史研究』第七八巻第三号所収）によるとおよそ次のとおりだ。

中国はアヘン戦争の敗北後、列国と結んだ不平等条約によって衰退の一途をたどった。その危機を立て直そうと奔走したのが、孫文であり、彼が創設した国民党だ。その努力の結果、四三年一月に中国と英米両国との間で不平等条約撤廃の道筋をつけた。今後も孫文の示した方針に従い、国民党とその関連組織が団結し、中国の発展と世界平和の実現に貢献する、と。

同書が刊行されると、国民党機関紙『中央日報』や同機関誌『中央週刊』は大きく取り上げ、称賛のことばを並べて積極的に評価した。また、蔣介石の命で大学以下の各学校に同書を教材として用いるよう義務づけられ、校長が教職員と学生を集めて解説を行ったという。

このように同書が注目される一方で、中共は機関紙『解放日報』でこれを厳しく批判した。すなわち、近代中国の抱える多くの問題の原因を不平等条約に求めるのは偏った見方である。中国や国民党の発展には国共合作をはたした中共の役割が大きいが、これを正当に評価していない。さらに、汪兆銘とともに蔣介石をいちど裏切った陶希聖が著作に関わってよいのかなど辛辣《しんらつ》な意見だ。

加えて、蔣介石の味方であるはずの国民党内部からも同書について強い懸念が示される。それは、同書が不平等条約を批判していることから、条約の相手国であり、かつ現在同盟関係にある英米両国の反発を招きかねないという点だ。実際に、重慶の英米大使館は同書を分析し不満を示している。これを受けて、四四年元日に出版された増訂版では、不平等条約を取り上げたのは、中国民衆の反省と自覚を促すためで、列国を非難するためではないとする文を付け加えた。

ところで、蔣介石はなぜこの時期に同書を発表しようとしたのか。森川によると、蔣介石は、英米との不平等条約撤廃という外交的勝利を中国国内の態勢強化に利用したかった。そのための前提として中国民衆の道徳観を強化する目的で著作を思い立ったという。

かりにそうだとしても、実際には同書が出たことで、中共はもとより、国民党内や同盟国からも反発を招き、態勢はかえって揺らぐ結果をもたらしたのであった。

龐炳勲帰順の陰にはある日本人がいた

一八春太行作戦で、龐炳勲が自らの部隊とともに日本軍に帰順したことはすでに述べた。

彼は一八七九年河北省新河《しんが》県の生まれ。若くして軍人となり、西北軍閥の馮玉祥《ふうぎょくしょう》や直隷軍閥の呉佩孚《ごはいふ》のもとで頭角を現す。

一九三〇年に馮が国民革命軍に敗れると、彼は蔣介石に従い、三三年八月には察哈爾省政府主席に任じられる。日中戦争が始まると、第三軍団長となり、三八年三月、山東省臨沂《りんぎ》で抗日英雄と謳《うた》われた張自忠《ちょうじちゅう》が指揮する第五九軍とともに、板垣征四郎《いたがきせいしろう》中将率いる第五師団の部隊を撃破した。そして、四〇年には河北省政府主席兼第二四集団軍総司令に昇格していく。

このように華々しい軍功を重ねていた龐は、なぜ一転して日本の軍門に降《くだ》ってしまったのか。当時北支那方面軍司令官だった岡村寧次は、このことを次のように振り返る。

（岡村は戦功のあった者に感状を与えるとき、必ず現地に赴いた—引用者注）就中《なかんづく》田中徹雄《たなかてつお》少尉の単身敵陣に入り、龐炳勛《ママ》上将の七万の大軍を帰順せしめた功績は抜群であるので、十八年五月二十三日開封に至り、その苦心談を聴取し、感状のみならず特に内地から取寄せた軍刀一振を贈与した。（『岡村寧次大将資料　上巻』）

田中徹雄とはいったい何者か。彼については、日《ひ》野晃《のあきら》「東亜同文書院と建学の精神」（『歴史残花（五）』所収）に詳しい。これによると、田中は山梨県東山梨郡春日居《かすがい》村（現笛吹《ふえふき》市）生まれ。中学卒業後、三五年に上海の東亜同文書院に入学した。東亜同文書院とは、日中経済の橋渡し役となる人材を育てるために設立された日本人経営の学校だ。

卒業後、陸軍少尉となった田中は、河南省新郷《しんごう》に駐屯していた歩兵第二二〇聯隊に配属される。まもなくして、何ごとにも怯《ひる》まない胆力と流暢《りゅうちょう》な中国語が買われ、国府軍に対する帰順工作を命じられる。彼が目をつけたのが、太行作戦で主力のひとつだった第二四集団軍。

さっそく、国府軍の士官をとおして、龐の部下の孫殿英と接触することに成功する。

国府軍から受ける待遇に不満を持っていた孫は、田中の説得に応じ、太行作戦の発動に合わせて日本軍に帰順した。その際、日本側と行き違いがあったことから、孫は処分を免れるため、田中に龐の取り込みを提案したのだ。

彼は孫の部下に連れられて龐のもとを訪れる。すでに龐軍は太行作戦で大きな損害を受けており、龐自身も負傷していた。

田中は孫の手紙を持参し、龐に帰順の説得を試みる。聞き終えた龐は、熟慮の末、帰順に同意したのであった。

田中はいかなる思いで帰順工作に携わったのか。田中が東亜同文書院生だったとき、中国語講師の程文輔《ていぶんほ》が自ら命を絶つ。学生が戦争に関わることを憂えた末の行動だった。亡くなる数日前、田中は程から「私の教えて来た中国語は日中友好のためのもの。それが中国人を殺す戦争のために使われるのは何としてもしのびない」と打ち明けられる。日中対立の狭間《はざま》で苦悶《くもん》した程の抵抗のメッセージだ。これを聞いた田中は、日中の提携に邁進《まいしん》していく。それが無益な戦いを止めさせるための帰順工作だったのだ。

ところが、日本軍に帰順した傀儡軍は、戦う相手が中国軍になっただけで、戦いを止めたわけではなかった。命を賭《と》した程の思いと田中の信念は、戦いの波にかき消されていったのである。

捕虜となった日本兵は反戦運動を始めた

「後期日中戦争」のなかでは、龐炳勲のように日本軍に帰順して傀儡軍となる部隊もあれば、最後まで戦い抜いて敗れたり、戦場から逃げ遅れたりして捕虜となる中国兵も数多くいた。

立川京一《たちかわきょういち》（防衛省防衛研究所）「日本の捕虜取扱いの背景と方針」（『太平洋戦争の新視点―戦争指導・軍政・捕虜』、二〇〇八年三月所収）によると、太平洋戦争開戦前までに成立していた捕虜の取り扱いに関する国際条約は、前述のハーグ陸戦条約と、二九年七月にジュネーブで調印された、「俘虜《ふりょ》待遇条約」だ。日本は両条約に署名しているが、後者は批准していない。

さらに、日中戦争は相手国に宣戦布告をしていない「事変」であるため、陸戦条約を尊重するも、それにすべて従って行動することは避けるとした。そして、捕虜についても、中国とは国際法に基づく戦争にはなっていないとして、その取り扱いはしなかったのである。

だが、実際には戦うたびに中国人捕虜は増えていった。そのため、日本軍は現地の部隊に捕虜を取り扱うための規定を設けさせ、また、臨時に捕虜を収容する施設も作らせた。

一方、中国側は日本人捕虜をどう扱ったか。これについては、菊池《きくち》一隆《かずたか》『日本人反戦兵士と日中戦争』に詳しい。それによると、三八年一月、蔣介石は日本軍に対する「捕虜優待」の方針を打ち出す。これは、これまでの戦いで前線部隊が日本人捕虜を勝手に殺害してしまい、捕虜から得られるはずの敵情報を手に入れられなかったという反省に基づく措置だった。

これと同時に蔣は、「作戦懲奨辦法《ちょうしょうべんぽう》」を公布。日本軍将兵を捕虜にした者に賞金を与えるようにして、捕虜をできるだけ殺害させないようにしたのである。

三九年春、国民政府は日本人捕虜を送る収容所を貴州省鎮遠《きしゅうちんえん》（桂林《けいりん》の臨時捕虜収容所などと合併）に置く。ここで彼らの一部は政治教育を受け、「反戦分子」となって反戦運動に関わっていく。これを主導したのが鹿地亘《かじわたる》（本名瀬口貢《せぐちみつぎ》）だ。

彼は東京帝国大学（現東京大学）在学中より社会運動に参加し、卒業後は作家としてプロレタリア文学運動にも積極的に乗り出していく。三〇年代初めには日本共産党に入党。三四年に治安維持法により逮捕されたが、偽装転向して出獄し、中国に渡る。日中戦争が始まると、彼の活動が周恩来ら中共側の目に留まり、軍事委員会政治部に採用された。

鹿地は、捕虜のうち知識レベルが高く、かつ戦争に強い反省をもつ者を選抜して教育し、彼らを組織化して反戦運動に取り組ませる。そして、彼らを指導する組織として重慶に本部を置く日本人民反戦同盟（以下、反戦同盟）を結成し、各地に支部を置いて前線の日本軍将兵に反戦を呼びかけていったのだ。

華北戦線の場合はどうか。冀中軍区日語訓練隊で冀中日本人民反戦同盟支部のメンバーとともに過ごした張志強《ちょうしきょう》の回想「憶〝冀中日本人民反戦同盟支部〟的朋友們」（「〝冀中日本人民反戦同盟支部〟の友人たち」、『晋察冀抗日根拠地　第二冊』所収）をもとにたどろう。

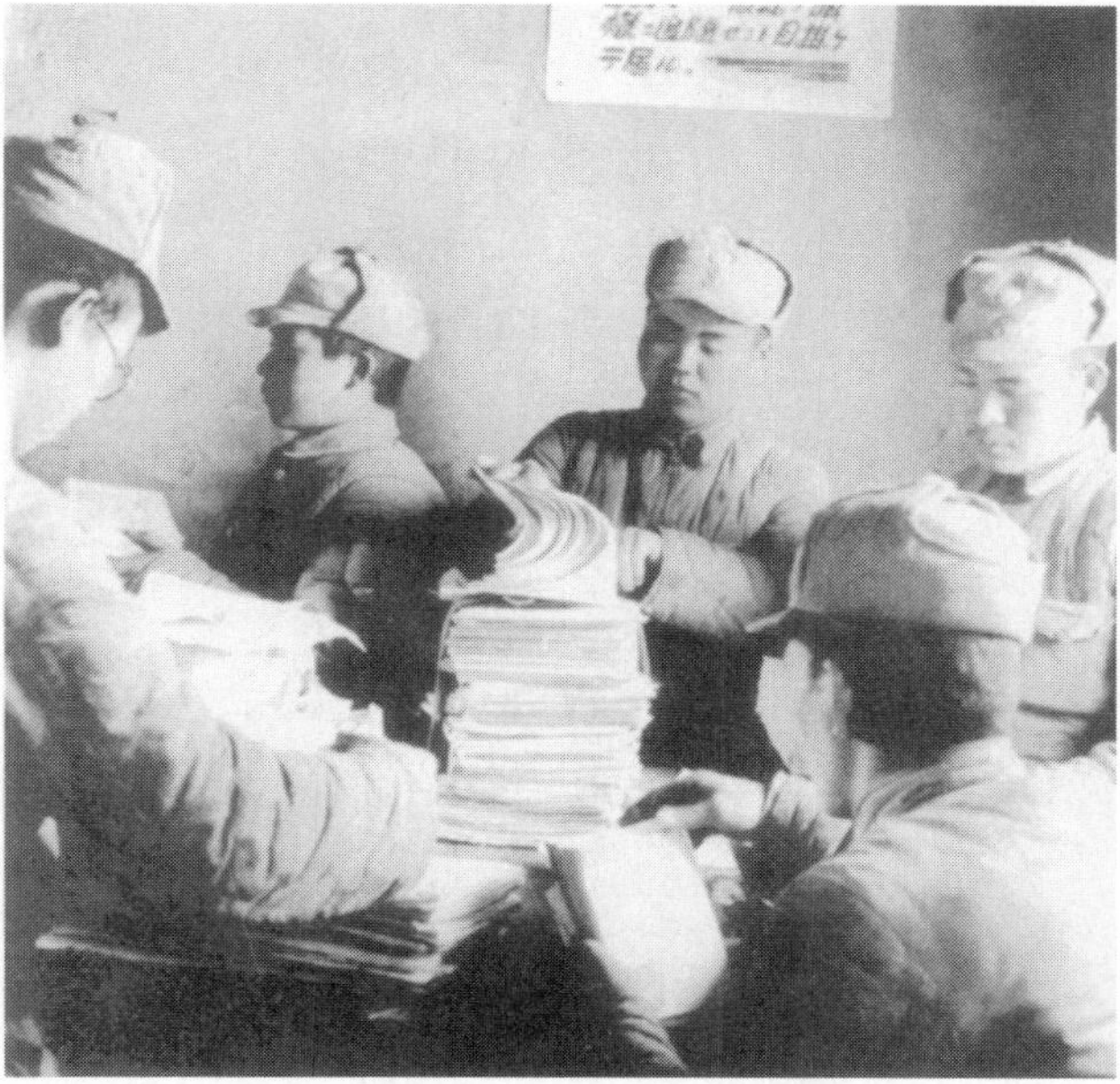

反戦ビラやお菓子を入れた慰問袋を作る反戦同盟員（『中国抗日戦争簡明図誌』所収）。

冀中反戦同盟支部は、四一年二月二三日、冀中軍区内の河北省唐県《とうけん》南洪城《なんこうじょう》村に設立された。メンバーは、元少尉で支部長の田中（前出の田中徹雄とは別人）をはじめとする計一九人だ。田中は四〇年に八路軍との戦いで重傷を負い捕虜となる。その後、八路軍による治療で回復した。この体験をとおして、彼は革命的精神と反帝国主義に目覚め、自ら名乗りを上げて反戦同盟に参加したのである。

彼らは具体的にどのよう

な活動をしたのか。そのひとつが、直接または間接的に日本兵に反戦をよびかける工作だ。たとえば、山西省盂県《うけん》での戦いでは、反戦同盟の呼びかけによって、八人の日本兵が抵抗をやめて、八路軍側に投降した。

このほか、反帝国主義・反ファシズムを訴えた日本語のビラや手紙、漫画を印刷してばらまく。さらには、慰問袋を使った宣伝もあった。慰問袋とは、戦地に従軍した日本軍将兵の気持ちを慰めるために日本内地から届けられた日用品や娯楽品の一式だ。

反戦同盟は、赤字で大きく「慰問袋」と記した袋のなかに、飴玉《あめだま》や白いハンカチや反戦を訴える歌の歌詞カードを入れ、聶栄臻の印が捺《お》された晋察冀辺区で使用できる通行証も同封し、反戦に心の動いた日本兵を辺区に誘いこもうとしたのである。これら慰問袋は、日本軍の拠点やその付近の集落など、日本兵の目の届く場所に置き、彼らがすぐ手にとれるようにした。

反戦同盟の慰問袋については、独混第一五旅団の斎藤邦雄《さいとうくにお》が『陸軍歩兵よもやま物語』で次のエピソードを残している。

ある日、彼は村はずれの警備隊で警備にあたっていたところ、年老いた中国人の農民から八路軍に頼まれたと言って大きな袋を渡された。それを開けてみると、なかには慰問袋と書かれた桜模様の入った袋が三つ入っていたのだ。そして、「老農夫にその慰問袋をあけさせると、中には南京豆やクルミ、それとタオルに石けんがあり、慰問文のかわりに反戦ビラが何枚か入っていた」。

彼はそれらに毒が混ざっていることを警戒し、農民に食べさせたが、別に異常は起きなかったため、持ち帰って仲間と食べた。

そのとき、「内地から送られてきても、途中でぬかれていて、兵隊が手にするときは袋だけのような慰問袋と、敵である八路軍からきたこの慰問袋をくらべると、兵隊は複雑な気持になった」という。反戦同盟の慰問袋は、戦いに明け暮れていた前線の日本兵の心を揺さぶっていたのである。

反戦同盟のもうひとつのおもな活動が、八路軍の兵に向けての軍事教練だ。八路軍の兵のほとんどは、正規の軍事教育を受けておらず、兵器の使い方も見よう見まねで覚えていた。反戦同盟のなかで、田中ら日本陸軍士官学校で学んだ経験をもつメンバーは、教導団を結成し、擲弾筒《てきだんとう》や軽機関銃など兵器の取り扱い方を一から教えていった。

張によると、「軍事技術の講習を通じて、彼らと八路軍士官との感情は密接になった。彼らが授業を終えて帰るときは、お互いが名残惜しい気持ちとなり、しっかり握手をして別れたのだった」という。軍事教練が反戦同盟と八路軍との関係を強くしたのである。

反戦同盟のほかに、日本人捕虜に反戦教育を施す組織として、陝甘寧辺区に日本人民解放連盟があった。これを設立した岡野進《おかのすすむ》こと野坂参三《のさかさんぞう》は、日本共産党（第一次共産党）創立時のメンバーのひとりで、ソ連に入国しコミンテルン日本代表などを務めた後、四〇年に中国へ渡り、毛沢東のもとで反戦活動に従事する。彼は延安に捕虜を教育する学校を設け、卒業生を連盟に入れ、彼らを使って日本兵に反戦を呼びかけたのだ。

傀儡軍では治安維持ができない――清豊事件

再び北支那方面軍の動きに目をやろう。一八春太行作戦が始まるおよそ一月前の三月二四日、方面軍司令部は、隷下兵団の参謀長に向けて「昭和十八年度北支那方面軍作戦警備要綱」を示した。『北支の治安戦〈2〉』によると、その内容はおよそ次のとおりだ。

同年度の方面軍は、これまでと同じく中共勢力の掃滅を目指す。そのために、方面軍各部隊は占領地の警備に専念するとともに、「特に中国側の自主的活動を促進し、その警備力の強化自強態勢の確立を図」る。さらに、方面軍部隊の警備地域とその態勢については、次のようにすると定めた。

警備地域の安定確保に当たっては、特に鉄道並びに主要交通線に沿う地区、主要都市及び主要資源地域を重視する。警備態勢は従来の高度分散配置から状況の許す限り、すみやかに逐次兵力を集結し、戦力の弾撥力《だんぱつりょく》を保有するに努む。これがため必要やむを得ぬもののほか、分隊以下の分駐は極力整理し、概ね本年末ころまでに成るべく小隊単位以上の分駐態勢に移行す。(『北支の治安戦〈2〉』)

すなわち、方面軍は隷下各部隊の警備範囲を、いわゆる「点と線」といわれた鉄道路線と、それにつながる主要都市と資源産地に限定し、それ以外の占領地は傀儡軍に委《ゆだ》ねるとしたのだ。なぜこのような措置をとったのか。

この頃、太平洋戦線はすでに日本軍が劣勢に立たされていた。四二年八月に始まったソロモン諸島ガダルカナル島の戦いでは、補給の絶たれた日本兵が次々と餓死するという惨劇を生んだ(同島は四三年二月に米軍が占領)。

米軍の反転攻勢に対抗するため、日本軍は中国戦線にあった陸軍部隊の一部を南方に転属させようとした。

だが、華北戦線は依然として八路軍との戦いが続いている。少なくなる兵力でどのように戦線を維持すればよいか。そこで考え出されたのが、占領地に分散配備されていた方面軍部隊の「点と線」への集結と傀儡軍の積極的活用だった。

要綱を受けて、方面軍各部隊は、京漢線など鉄道路線に移動を始める。河北省冀《き》南《なん》道清豊《せいほう》県付近に駐屯していた独混第一旅団の部隊もそこから退いた。同県は京漢線から直線距離で七〇キロメートルほど離れている。ここには、華北政権管下の清豊県政府があり、数人の日本人顧問が在籍し、政府の運営を事実上とりしきっていた。

当時、北支那方面軍付邯鄲連絡司令部に勤務していた佐藤千徳が後にまとめた「昭和一八・五　清豊事件（北支）」（防衛省防衛研究所戦史研究センター所蔵）によると、顧問らは独混第一旅団が清豊県を去ったことに不満を抱いた。旅団が自ら占領地を離れることは、日本軍の後退を意味するだけでなく、治安上大きな損失であり、県政府側の動揺も計り知れなく、政治的悪影響も及ぶ。熟慮の末、彼らは次の行動に出る。

> 管内県顧問の指導者たる好漢熱血の壮士川本《かわもと》県顧問は、少壮顧問の熱意に応《こた》えて、邯鄲陸軍連絡部長加藤《かとう》次郎《じろう》大佐を説得して、五月中旬、日本軍が放棄撤退した清豊を奪回確保を進言してこの承認を求め、中国側保安隊（傀儡軍の一種―引用者注）のみに依《よ》り、これを奪回せんとして各県顧問を指揮官として、保安隊二個中隊乃至《ないし》一個大隊を選抜して、南楽《なんらく》県・大名《だいめい》県（どちらも清豊県近くの県―引用者注）に集結せしめ、冀南道剿共保安隊連合軍を編成し、五月二十三日を期して一挙に清豊県に向って進撃を開始。これが奪回に成功して意気頗《すこぶ》る軒昂《けんこう》たるものがあった。（「昭和一八・五　清豊事件（北支）」）

清豊県の支配を取り戻した川本らは、勝利した証《あかし》として、清豊県城内で通常どおり顧問会議を開催。佐藤は傀儡軍二個中隊の護衛を連れて、二八日同県に到着し、川本らと合流する。このとき傀儡軍は総勢四八〇〇人に達した。

二九日夜、佐藤は県顧問らと会食後、宿舎に入り休みをとった。しばらくすると、外で数発の銃声が鳴り、すぐさま衛兵から敵襲と知らされる。八路軍が夜襲をしかけてきたのだ。佐藤はすぐさま傀儡軍を指揮して応戦する。しかし、三〇日未明、県城東門が突破され、八路軍が城内に流れ込む。

　こうなると、寄せ集めの保安隊の連合軍は周章狼狽《しゅうしょうろうばい》、統率力を失い混乱するのみで最悪の状態と化し、戦意は全く喪失し、烏合《うごう》の衆となって右往左往し、逐次包囲圏は圧縮されて、遂《つい》に本部になだれ込んで来て、我々も指揮力何等効なきため本部に《ママ》引き揚ぐるの止むなきに至った。（同右）

佐藤はかろうじて城外に脱出し、左足に傷を負いながら五〇キロメートル先の南楽県城まで逃げのびる。この戦いで日本側で生き残ったのは、佐藤を含む日本人八人と傀儡軍三十数人。日本人顧問の先頭に立った川本は命を落としてしまう。これに続いて、南楽県と大名県も八路軍に襲われ、日本人顧問が戦死した。

清豊事件は、清豊県を再び手にして日本軍の健在を示すどころか、八路軍に徹底的に打ちのめされ、方面軍が想定した傀儡軍による治安維持がきわめて困難であることが証明されたのである。

では、どのようにして八路軍の攻撃を抑えればいいのか。

結局、日本軍は華北民衆を味方にできなかった

四三年九月一日、北支那方面軍司令部は隷下兵団の参謀長を招いて新たな粛正作戦の実施に関する会議を開く。この席で岡村軍司令官は、八路軍に対する粛正の徹底を命じるとともに、実施にあたり、次のふたつの目標を達成するよう訓示した。

即ち其の第一は敵を慴伏《しょうふく》（恐れてひれ伏すこと―引用者注）せざるなき皇軍威武の完成なり。其の第二は愈々《いよいよ》民心把握を鞏固《きょうこ》ならしむべき森厳《しんげん》なる皇軍威容の完成なり。即ち敵をして「日本軍真に恐るべし」と為し、民をして「日本軍真に頼むべし」と為さしむるに有るのみ。（「方面軍司令官訓示」、『北支の治安戦〈2〉』所収）

また、これに先立つ八月二四日、北支那方面軍司令部は、隷下の北支那派遣憲兵隊を再編成して、中共の地下組織や秘密活動の偵察と破壊、ならびに作戦部隊の粛正作戦を支援する北支那特別警備隊、略して北特警を創設する。

北特警の総兵力はおよそ五八〇〇人。司令部と教育隊を北京に置き、五個大隊と特別偵諜《ていちょう》隊を河北省と山東省の主要都市や重要資源のある場所に配備して各種活動にあたらせた。

彼らは何をしたのか。北特警に所属していた増渕明《ますぶちあきら》はこう振り返る。

　自分は特別な任務に就くためなので、司令部の教育隊で六カ月の特別教育を受けました。まず言語（簡単な日常会話）風習を習熟しなければなりません。また、偵諜だから、身に寸鉄を帯びてはならない。どんな時でも死を覚悟して臨まねばならないのでした。

（引用者略）

　いよいよ街に潜入となり、金持ちで大の親日家の油屋の裏座敷を借りて、部下二名と居住いたしました。一人は町工場に、一人は商人としてそれぞれ勤めました。自分は勿論名前も中国名で頭髪も伸ばして七・三に分け、服も中国服で、褌《ふんどし》を取りズモン《ママ》を直接はいていました。原隊に帰ることは禁止され、内密の連絡方法で命令受領や報告等の交信をしていました。

自分は郵便局が主勤務場所で、怪しい小包や封書等の内容を検閲しました。局長は大の親日家で京都の大学を卒業しています。また自分のことについても、局長以外だれ一人も、自分を日本人だとは知らなかったのです。（増渕明「軍隊は連隊だ　北支特別警備隊」、『軍人軍属短期在職者が語り継ぐ労苦8（平和の礎）』所収）

このような諜報活動のほか、北特警は九月下旬から粛正作戦にも参加する。そして、一一月には、一一四回交戦し、八路軍死者数七六人、捕虜三三五人、小銃などの鹵獲《ろかく》品四六点という戦果をあげた。

冀東軍区参謀長の彭寿生《ほうじゅせい》は当時のことを次のように回想する。

一九四三年秋、冀東地区の日本軍第二七師団が南方戦線に派遣されたことにより、独混第八旅団の六個大隊と特種憲兵隊四個大隊が我が冀東地区に進出してきた。旅団が冀東で守備につくとき、掃討戦の準備を進めながら、傀儡軍の防衛態勢を整え、兵力を集中させて、我が地区を急襲して挟撃しようとしたのだ。（「憶冀東軍民奮力恢復被敵占領的基本区的斗争」、「冀東軍民が力を尽くして敵に占領された地区を取り戻す闘争」、『晋察冀抗日

根拠地　第二冊』所収）

このなかの「特種憲兵隊」が、おそらく北特警のことだ。彭によると九月中旬から一〇月下旬までの戦いで一八三人を倒し、彼らの粛正作戦を失敗させたという。

四四年に入ると、北特警は一〇個大隊に増強され、独混第八旅団に従って戦闘に加わる。だが、六月、部隊の改編にともない、いったん活動を終了させた。

日本軍はおよそ九ヶ月に及んだ北特警の活動をどう評価したか。北特警高級参謀の大森三彦《おおもりみつひこ》大佐はこう述べる。

北特警の治安戦遂行上、最も苦痛を感じたのは行政権がなかったことである。武力のみで思想を破ることはできない。治安戦では軍事、行政、経済、警察、宣伝等のすべてを統一指揮することが必要である。しかし、北特警も各兵団もそのような権限はなかったばかりでなく、協力関係にある華北政務委員会の政治力がきわめて弱く、地方行政を推進して所望の成果をうるには、治安戦遂行に適合した政治体制の刷新が第一の問題であると思った。（「北支那特別警備隊に関する問題点」、『北支の治安戦〈2〉』所収）

さらに、北支那方面軍参謀長だった大城戸《おおきど》三治《さんじ》中将も言う。

対共治安戦強化のため、北支那特別警備隊を編成して冀東地区を重点として配置し、更に改編して兵力を増強したが、大した効果はなかったと思う。配置および活動が都市中心主義であって山岳平野地帯では無能力である。憲兵はどうも人を疑って縛ってしまうやり方で、行き過ぎが多かった。民衆の保護者という感じがしなかった。この部隊の設立は、方面軍の希望によるものであったが、効果は逆になった。(「大城戸三治中将(二五期)回想録」、同右所収)

北特警は、諜報活動や粛正作戦に一定程度の役割を果たしたとはいえ、八路軍を粛正して日本軍の威を示し、かつ華北民衆の信頼を得るという、岡村が求めた目標を達成するにはまったく期待はずれの組織だった。

第二章　「戦争犯罪」の戦場——山東省

山東抗日根拠地

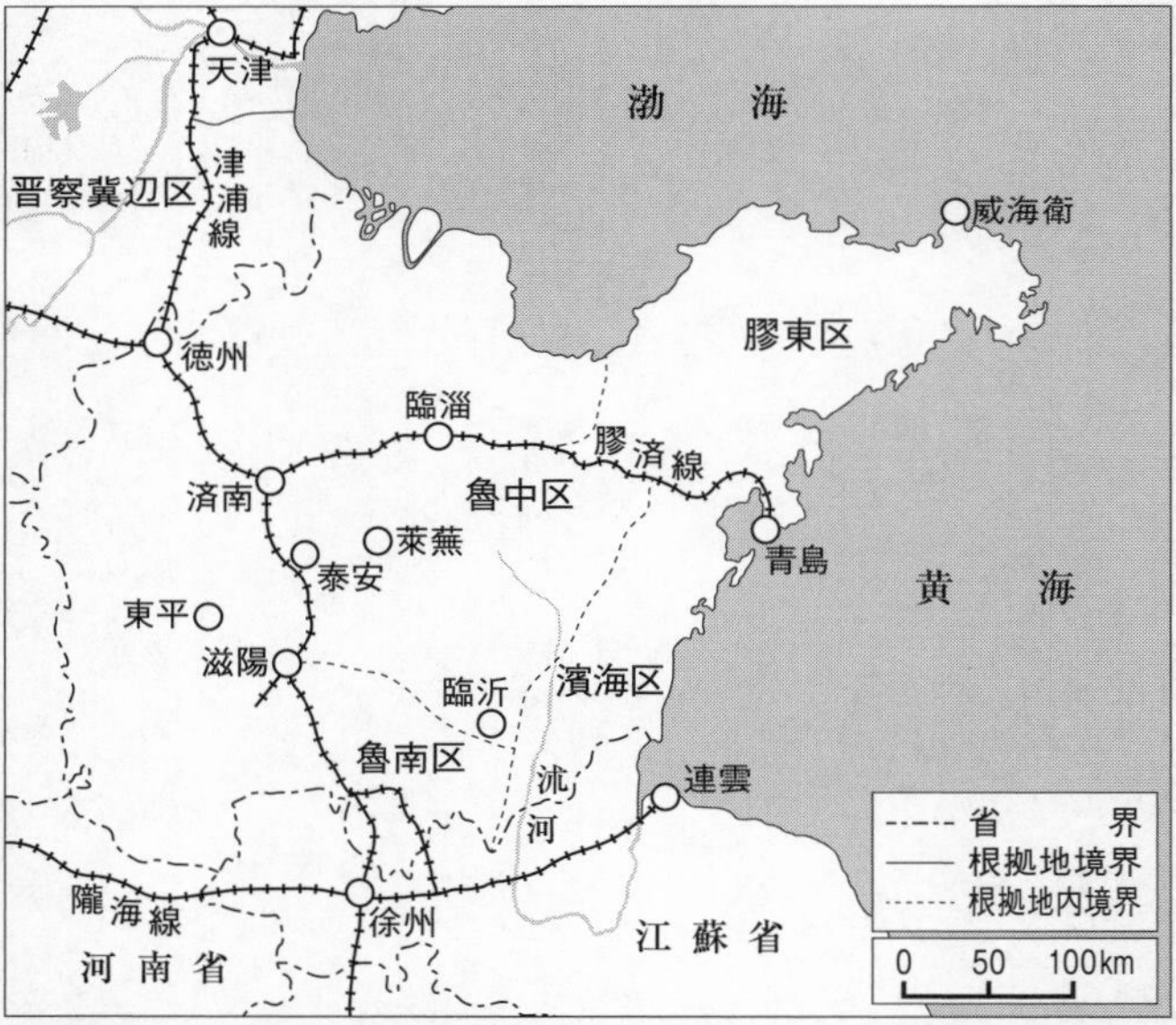

山東抗日根拠地（1944年頃）『中国抗日根拠地発展史』北京出版社、1995年所収地図をもとに作成

山東省でも毒ガス兵器が使われていた

日本軍が河北省で八路軍の地道戦に手を焼いていた頃、華北のほかの戦場はいったいどうなっていたか。

第五九師団の兵だった加藤喜久夫《かとうきくお》は、戦後収容された撫順《ぶじゅん》戦犯管理所で、戦場での体験を次のように綴《つづ》った。

一九四二年五月上旬、山東省泰安《たいあん》県の泰安大衆橋《たいしゅうきょう》付近のガス室で、第五九師団のガス教育を受けたとき、教官の納富《のうとみ》少尉の命令で、くしゃみ性のガスの実験を行った。私ともうひとりの仲間は、近くの畑からちょうど種まきをしていた中国人の農民を捕まえ、ガス室に約三〇分閉じ込めた。部屋にガスを放つと、農民は目が充血し、鼻水は流れ、意識はもうろうとし、呼吸困難に陥った。農民は無限の苦痛を味わったのである。（「加藤喜久夫筆供」、『細菌戦与毒気戦』所収）

同じく戦犯管理所に送られた同師団独歩第一一〇大隊の田村貞直《たむらさだなお》も、山東省で戦ったときのことをこう供述した。

一九四二年七月中旬、第五九師団第五四旅団独立歩兵第一一〇大隊（兵力約三〇〇名）は、山東省萊蕪県旧寨《きゅうさい》鎮の西北にある九頂山《きゅうちょうざん》山麓《さんろく》の集落に進攻したとき、八路軍と戦火を交えなかったので、ついに村民に対する虐殺を行った。私は大隊長藤崎秀一中佐の命令を受けて、歩兵砲中隊長の手塚好雄《てづかよしお》中尉と一緒に、連隊砲小隊にくしゃみ性のガス弾を三発発射した。それが村の中央の民家に当たり、老人と女性一五人を殺した。（「田村貞直筆供」、同右所収）

第一章で述べたとおり、河北省では冀中作戦で第一六三聯隊が地下道に毒ガスをまき、逃げ出してきた八路軍兵士と住民を射殺していた。加藤と田村の証言が正しいとするなら、毒ガスは山東省の戦場でも使われていたのだ。

「はじめに」で取り上げたとおり、第五九師団は、いわゆる三光作戦も実行している。なぜ、彼らはそのような情け容赦のない攻撃を八路軍に与えたのか。実際の戦場では何が起きていたのか。さしあたり、本章では「後期日中戦争」期に第五九師団が参加した第三次魯中《ろちゅう》作戦（以下、魯中作戦）と一八秋魯西《ろせい》作戦（以下、魯西作戦）に着目して検討する。その前に山東省の抗日根拠地の形成と、そこでの日中両軍の戦況について、簡単に振り返っておこう。

三光作戦が日中戦争を長引かせた

山東省は、一九三〇年より元西北軍閥の韓復榘《かんふくく》が省政府主席を務めていた。彼は以前から蔣介石と折り合いが悪く、ときに日本軍に内応する動きをみせていたという。

日中戦争勃発《ぼっぱつ》後の三七年一〇月、日本軍は津浦《しんぽ》線を伝って山東省に進攻。省都済南《さいなん》に迫る。韓は蔣から省都防衛を命じられた。ところが、同年末、彼はそれに反して軍を撤退させ、済南を明け渡してしまったのだ。この行為に蔣は激怒。韓は命令違反の罪で処刑されてしまう。後任には海軍軍人で青島《チンタオ》市長だった沈鴻烈《しんこうれつ》が就いた。彼は蔣介石と同じく反共思想が強く、たびたび中共側と鋭く対立した。一方、日本軍は山東省の占領地を統治する傀儡《かいらい》政権の設立に動く。

日本軍の進攻で山東省内が混乱すると、中共は民衆に武装蜂起《ほうき》をさせ、彼らを味方にした。まもなく、彼らは山西省から移動してきた八路軍部隊などと合併し、三八年一二月、八路軍山東縦隊となる。兵力は四〇年半ばまでに主力と地方軍を合わせて五万四〇〇〇人あまりに達した。同隊成立後も山東省には八路軍第一一五師の部隊が派遣され、軍事力を強化していく。このとき、同師の兵力は約七万六〇〇〇人となる。

後期日中戦争期までに山東省内に建設された根拠地は、国府軍の攻撃で壊滅した魯西北《ろせいほく》区を除く、冀魯《きろ》辺区・湖西《こせい》区・魯西区・魯南《ろなん》区・魯中区・膠東《こうとう》区・清河《せいが》区・濱海《ひんかい》区だ。総人口は約一二〇〇万人。魯西区は四一年七月、湖西区は四二年一〇月、それぞれ隣接する冀魯豫《きろよ》辺区に編入される。また、冀魯辺区と清河区は四四年一月に合併して渤海《ぼっかい》区となった。ちなみに、魯とは春秋《しゅんじゅう》戦国時代に今の山東省南部にあった国で、省の略称となっている。

これら根拠地の行政を統括したのが、四〇年八月に成立した山東省戦時行政委員会だ。なぜ辺区政府でないのか。それは、山東省の党組織が弱く、辺区政府を作るだけの根拠地の支配態勢が確立していなかったからである。よって、通称も山東抗日根拠地とされた。

同根拠地のなかで、中心地のひとつとなったのが魯中区だ。同区は山東省の中央部にあり、北は山東半島の青島と済南を結ぶ膠済《こうさい》鉄道（膠済線）、西は津浦線、南は滋陽《じよう》と臨沂を結ぶ道路の滋臨《じりん》公路、東は沂河《ぎが》と沭河《じゅつが》流域に囲まれた面積約二万八〇〇〇平方キロメートルを範囲とする。区内の半分以上は山岳地帯で、泰山《たいざん》・沂山《ぎざん》・蒙山《もうざん》・魯山《ろざん》など霊験あらたかな山々が取り囲む。

区の北西端には膠済線の終着駅でもある済南があり、山東省政府など国民政府関連機関が置かれたほか、国府軍が周辺に配備され、しばしば根拠地建設を妨害した。一方、中共も区内に中共山東分局や山東縦隊の司令部を置くなどして、この地を重要拠点と位置づける。区を防衛していたのは、四つの軍分区からなる魯中軍区だ。

三九年夏、日本軍は山東省南部へ進攻し、主力の国府軍第五一軍と第五七軍などを撃破する。これ以後、山東省の日本軍は八路軍の粛正作戦に全力を注いでいく。そして、百団大戦後、河北省と同じく、「粛正建設三ヶ年計画」に基づき、根拠地を徹底的に追いつめる。その戦いの様子について、魯中区の場合をみていこう。

第五九師団独歩第一一一大隊で機関銃中隊の分隊長を務めていた菊池《きくち》義邦《よしくに》は、魯中区の泰安と萊蕪に設けられた遮断壕について次のように語る。

　この壕は深さ三メートル、幅二メートルぐらいで、解放区との間の交流を断つ目的であり、とりわけ塩とマッチが持ち込まれないよう目を光らせていた。（『焼き、奪い、殺せ』三光政策の八路軍索敵部隊」、『証言　我ラ斯ク戦ヘリ』所収）

この遮断壕の大きさは、河北省のそれとほぼ変わらない。塩とマッチはどちらも根拠地内だけでは生産が難しい、軍需にも転用できる生活必需品だ。

四二年六月二日、菊池の分隊は、大隊砲の砲撃を合図に泰山山麓の集落に攻撃を開始した。しかし、「とにかく、号砲で一気に八〇〇メートル突撃して行ったものの、どの家にも人影がない。なあーんだと拍子抜けしたけど、はるか山裾《やますそ》をロバを引いた一隊が逃げるのが見えるじゃありませんか。私はただちに『山裾を行くぞ、三連撃て！』と命令しました」（同右）。

菊池分隊が攻撃を終え集落に入ると、銃撃で倒れていたのは老人や子どもら住民だけだった。「ですが……集落の一軒一軒を掃蕩していったところ、手榴弾が二発見つかりました。明らかに通敵集落であると、これで判断されましたから、あとは米、コーリャン、ニワトリ、卵などあらゆる食糧を一カ所に集めて戦利品とし、民家は残らずコーリャン殻に点火して燃やし、一軒残らず焼き尽くしましたよ」（同右）。

アジア太平洋戦争で、日本軍は急速な戦線の拡大により、しばしば前線に補給が行き届かず、食料不足となる。特に太平洋戦線では、日本列島から遠く離れたニューギニアや中部太平洋の諸島で餓死者が続出した。

西方のビルマ戦線でも、四四年三月より始まったインパール作戦では、鬱蒼《うっそう》としたジャングルでの無謀な戦いの末、英印軍に敗れた多くの日本兵が何日も食べ物を口にできず、退却の途中で息絶えた。

同じく四四年、日中戦争で最大規模の戦いとなった大陸打通作戦でも、中国奥地の前線にまでどのように物資を輸送するかが問題となった。そもそも、作戦に参加する日本軍の総兵力は約五一万人に及び、彼らすべてに後方から食料を届けることは難しい。よって、日本軍は作戦の当初から必要なものがあれば現地で調達するよう指示したのだ。太平洋とは違い、中国には田畑や家畜が点在し、そこから食料を得てしまえば、ひとまず餓死することはなかったのである。

戦線での日本軍将兵の行動の規準とされた『作戦要務令』によると、現地調達で住民から物資を手に入れる場合は、軍票を使って購入するよう決められていた。だが、実際は嫌がる住民から強制的に取り上げる略奪が横行する。三光作戦は、その最たるものだ。語弊を恐れずに言えば、略奪行為を繰り返す彼らは、古くから中国に蟠踞《ばんきょ》した匪族《ひぞく》と何ら変わらない。

日中戦争が八年もの長期戦となった要因は何だったかと考えたとき、そのひとつとして、日本軍が戦線を維持するための食料など、物資の補給が現地調達で比較的容易にできたからではなかったか。

中共魯中区党委員会委員を務めた高克亭《こうこくてい》は、三光作戦の被害をこのように語った。

　二ヶ月近くの大〝掃蕩〟中、敵は魯中抗日根拠地に殺し尽くす・焼き尽くす・奪い尽くす野蛮な〝三光作戦〟を実行し、民衆三〇〇〇人以上を惨殺し、一万人以上の人々を捕らえた。また、食料八〇万キログラムと家畜数万匹を奪う。さらに、四分の一近くの家屋が焼き払われ、多くの女性が襲われた。人々の財産と生産手段が消え去り、魯中根拠地は空前の破壊に見舞われたのである。（「山東縦隊与魯中区根拠地的創建」〔「山東縦隊と魯中区根拠地の創建」〕、『八路軍山東縦隊　回憶資料（下）』所収）

高の述べた被害数が事実かどうかは、裏づける史料がないためわからない。だが、このときの日本軍の攻撃がきわめて激しかったことは、証言の端々からかいまみえる。

この日本軍の三光作戦に、彼らはどう対処したか。四二年春、中共中央の意を受けた劉少《りゅうしょう》奇《き》が主宰して中共山東分局拡大会議が開かれた。劉はこの直前まで、中国北方地域の党組織を統括する中共北方局書記を務めている。会議では、やや複雑になっていた組織系統を整理統合して、日本軍への抵抗力を強めることが決議された。

これを受けて、たとえば魯中区では、同年五月、区の行政を統一的に指導する機関として、魯中区行政聯合辦事処が開設される。続いて八月、山東縦隊を山東軍区に改編して地方軍とし、一一五師と連繫《れんけい》させた。そのうえで精兵簡政を実施。不必要な組織や人材を整理統合し、抗日に耐えうる区の質的向上を図ったのである。このとき排除された中共党員はおよそ四〇〇〇人にのぼった。

毒ガスを使っても八路軍は倒せない

それでは魯中作戦を見ていこう。もともとこの戦いは、日本軍に敗退後、済南東方の博山《はくさん》県周辺の山岳地帯で勢力を回復させようとした于学忠《うがくちゅう》率いる第五一軍を掃討するため、四二年二月より実施された。于は山東省出身。張学良のもとで軍功を重ね、河北省と甘粛省《かんしゅく》で省政府主席を務める。日中戦争勃発後は、第五集団軍総司令や、魯蘇《ろそ》戦区総司令に任じられ、最前線で抗戦の指揮をとった。第五一軍が徐々に南方へ退くと、日本軍もそれに合わせて攻撃を繰り返していく。

八月、沭河東方にいた第五一軍を撃退。日本軍は于を捕えようとするも失敗する。「第三次魯中作戦綜合戦果」（「東平湖西方剿共作戦経過概要」所収）によると、この戦いで日本軍の戦死五人に対し、第五一軍の死亡は一〇九人にのぼる戦果を得た。

同じ頃、日本軍は魯西区で八路軍に対する粛正作戦を行う。魯西区は、山東省内の徳州から滋陽までの津浦線以西一帯を範囲とした。区内の中心を南西から北東にかけて黄河が流れる。同区は山東の根拠地のなかで早くから減租減息が行われたという。軍事面では、四〇年春、八路軍が区内にいた国府軍を撃退し、軍区を設立した。同区は四一年七月、隣接する冀魯豫辺区に編入される。なお、本章では編入後であっても便宜上そのまま魯西区と呼ぶ。

魯西区の八路軍は、四一年一月に第三二師団の掃討を受けて以後、日本軍から大きな攻撃を受けることなく、徐々に強力な地盤を築いていた。さらに、同師団が四二年五月の浙贛《せっかん》作戦に参加するため山東省から浙江《せっこう》省に転用されたことから、魯西区の八路軍の勢力はますます勢いづいていく。このとき、第一一五師第三旅二個団をはじめとする彼らの総兵力はおよそ六五〇〇人に達していた。

第一二軍司令部は、彼らを殲滅《せんめつ》するために作戦計画を立てる。すなわち、歩兵約一〇個大隊で九月二七日より、第一期作戦として、魯西区西部の范県《はんけん》付近を攻撃。続く第二期作戦は三〇日より、范県東方の東平湖《とうへいこ》付近の八路軍部隊を包囲殲滅する。参加部隊は、第三二歩兵団長の石田《いしだ》保忠《やすただ》少将が率いる石田支隊、第五九師団歩兵第五三旅団長の大熊貞雄《おおくまさだお》少将が指揮する大熊支隊（どちらも歩兵五個大隊と軽装甲車一個中隊）、騎兵第二五聯隊長の高原孝《たかはらたかし》大佐の高原支隊（騎兵二個中隊など）だ。

第一一五師第三旅第七団は、范県の南東方、黄河北岸沿いにある単堂《たんどう》に集結していた。ここには、第七団以外に、抗日軍政大学冀魯豫分校校部や冀魯豫区政府機関なども置かれる。

これらの情報を得て第一二軍は作戦前日までに三支隊を単堂からおよそ四〇キロメートル離れた南北西の三方面に配置し、第七団を撃退して、彼らを東方の東平湖方面へ追いやろうとしたのだ。

第七団への攻撃は、二七日早朝より一斉に開始された。その戦いの様子を、『晋冀魯豫辺区史』では、このように述べている。

進攻した日本軍は正面に立ちはだかり、分隊ごとにわずか三〇〇メートルから五〇〇

東平湖西方剿共作戦（第一期作戦、1942年9月27日より）

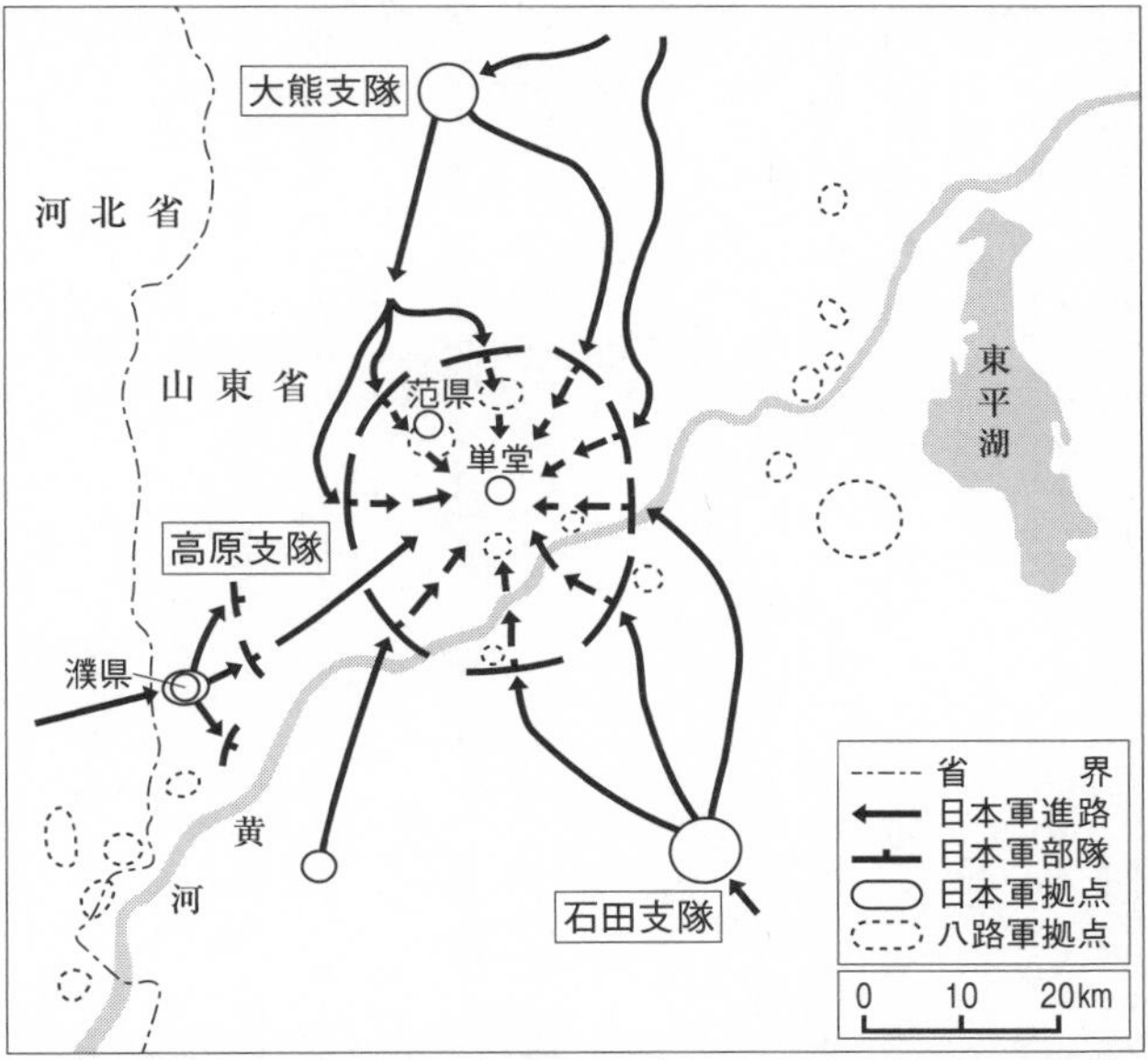

「東平湖西方剿共作戦（り号作戦）経過概要図」『北支の治安戦〈2〉』朝雲新聞社、1968年、239頁をもとに作成

メートルの間隔に広がった。我々がどのように突破しようとしても、敵の小銃射撃の火の中に陥ってしまう。

反撃の機会を失った第七団の兵は、多くは軍服を脱いで便衣兵となり、難民に扮《ふん》して逃走を図る。石田支隊は、范県付近で交戦し、約六〇〇人の死者と六五〇人ほどの捕虜を得る戦果を出す。大熊支隊も、石田支隊と連携しながら兵を進め、単堂に突入し第七団を掃討した。これにより第一期作戦は終わる。三支隊はすぐに態勢を整え、東平湖西方に退いた相手を追う。同地には第三旅第八団が陣地を構えていた。

一〇月二日朝、石田支隊は大熊支隊とともに攻撃を開始。高原支隊は東平湖西南方に陣取り、逃亡を図ろうとする第八団を押さえる。彼らはすでに戦意を失っており、戦いを回避して便衣兵となって姿をくらましてしまう。この戦いで、第一二軍は第三旅に大きな打撃を与えることができたものの、当初目的としていた彼らの包囲殲滅は達成できなかった。

魯中作戦では、魯西区以外でも八路軍との戦いが繰り広げられる。そこでは次のようなことが起きていた。前述の菊池と同じ独歩第一一一大隊に所属し、戦犯管理所に収容された渋沢久七はこう供述する。

一九四二年一一月上旬、魯中作戦の間、第五九師団第五四旅団独歩第一一一大隊第三中隊長の熱田勝利大尉が八路軍に捕えられたため、鈴木兵長とほか一名の兵は山東省蒙《もう》陽《よう》県の某村で毒を撒《ま》いた。私は近くから薪を集めて、二ヶ所で点火した。鈴木らはふたつの火に向かって二個の小型の催涙ガスの筒を投げ込み、一三戸前後ある村に毒ガスを浴びせた。その結果、避難が遅れた四人の村人と七、八才の子どもひとりが息切れし、涙を流しながら地面で苦しそうにのたうち回っていた。(「渋沢久七筆供」、『細菌戦与毒気

戦』所収）

同じく、土屋豊治の供述を取り上げよう。彼は砲兵隊を擁する独混第六旅団第二四大隊に所属し、于学忠が撤退した博山県の馬鞍山《ばあんさん》で八路軍と対峙《たいじ》していた。

山頂の一〇〇人前後の敵を攻めようとしたが、彼らの猛烈な反撃にあい、前進できなかった。ついに配属の旅団砲兵隊の高橋少尉に命じて、発射機で一時的な窒息性のある赤筒を一〇発発射した。当時私は少尉教官と小隊長の資格で集中訓練中の後備兵二〇人を指揮していた。馬鞍山北面に進攻するため、旅団砲兵隊に馬鞍山の敵の状況を報告し、毒ガスを撒かせた。（「土屋豊治筆供」、同右所収）

砲兵隊が発射するのは、発煙筒のような形をした歩兵用のあか筒でなく、あか弾というくしゃみ性のガスを入れた殺傷能力を持った砲弾だ。

魯中作戦のこれらの戦いを比べることで、山東省の日本軍がどういった場合に毒ガスを使用していたかがわかろう。すなわち、戦いが終始優勢であれば、毒ガスを投じる必要はない。だが、ひとたび八路軍の反撃にあえば、住民に被害が出るのも構わず毒ガスを撒き散らかしたのだ。しかし、この攻撃は一時的なものであり、八路軍を倒したことにはならない。いまだ山東省の八路軍を追いつめる効果的な方法を見いだせなかった日本軍は、この後どのような手を使ったか。

人間として冒してはいけない一線を越える

終戦から四半世紀が過ぎた一九七一年、菊池は同じ第五九師団に所属し、五六年に撫順戦犯管理所から帰還した佐野《さの》勲《いさお》と山田《やまだ》三郎《さぶろう》とで、雑誌『週刊アサヒ芸能』が企画した座談会に出席した。ここで彼らはこう語り合ったのだ。

菊池　サブちゃんは、コレラ菌探索に行った？
山田　行かねえ。体が弱いんで、あまり討伐に行かずに、警備ばかりしていたから。
佐野　僕は行ったよ。ある村では、やせこけた住民が逃げようとしてバタバタ倒れてたな。みんな脱水症状で、コレラって本当に恐いもんだと思った。だけど、石井部隊は本当に撒いたのかなあ、コレラ菌を……。
菊池　撒いたさ。私ら尖兵でしょ、軍医がこんな（五〇センチくらいの長さを手で示して）ガラス棒をケツの穴に突っ込んでは試験管に移していた。

佐野　指揮班長が、しきりに「近付いちゃいかんぞ」と僕らにいって「ここは特にひどい」とかなんとか、ブツブツ言ってな。（「〈座談会〉地獄の大陸戦線に流れた暴虐の血」、『証言　我ラ斯ク戦ヘリ』所収）

コレラは、コレラ菌に汚染された水や食べ物を口にすることで感染する。潜伏期間はわずか一日たらずで、発症すると猛烈な下痢症状にみまわれた。重度になると、大量の排泄《はいせつ》による脱水症状や低カリウム血症による痙攣《けいれん》、意識の喪失などを起こし、最悪の場合、死に至るきわめて恐ろしい病だ。

コレラの歴史については、飯島渉《いいじまわたる》『感染症の中国史』に詳しい。これによると、コレラはもともとインドのベンガル地方で流行した感染症だった。一九世紀、ヨーロッパ諸国が資源と市場を求めてアジア・アフリカ方面へ進出すると、それに乗ってコレラもまたたく間に世界各地へ広がっていく。このとき流行したウイルスは、非常に致死性の高いアジア型だ。中国では、一八二〇年に南部沿岸地域で最初に大量の患者を出す。そして、すぐに被害は北方へと拡大。二二年には全国的な流行へと発展していったのである。

このコレラを、こともあろうに日本軍は細菌兵器として用いる。実行したのは座談会で名前のあがった石井《いしい》部隊、いわゆる七三一部隊だ。

もともと、同隊は三六年八月、関東軍防疫部として陸軍将兵の疫病対策や浄水設備の構築などを目的に、満洲国の黒龍江省《こくりゆうこう》哈爾濱《ハルピン》郊外に設立されたが、これら任務は表向きであり、実際は生物兵器の開発を行っていたのだ。

石井とは初代部隊長で京都帝国大学医学部出身の軍医将校、石井四郎《しろう》のことをいう。彼はすでに三二年四月に東京の陸軍軍医学校内で生物兵器の研究に着手。翌三三年に哈爾濱で人体実験を始めていた。石井の周りには日本の名門大学医学部を卒業した若手から中堅までの医師らが集結する。七三一部隊という名は、部隊名を秘匿する防疫部の通称号が満洲七三一部隊だったことに由来する。

日中戦争が始まると、中国戦線には、三個方面軍のもとにそれぞれ北支那防疫給水部（甲《こう》第一八五五部隊。一九三八年成立）・中支那防疫給水部（栄《さかえ》第一六四四部隊。一九三九年四月成立）・南支那防疫給水部（波《なみ》第八六〇四部隊。一九三八年九月成立）ができ、七三一部隊が構築した技術によって培養した細菌を中国の戦線に投下していく。

前述のとおり、「後期日中戦争」期の華中戦線では、四二年五月からの浙贛作戦、四三年一一月の常徳《じようとく》殲滅作戦で細菌戦が実行された。

菊池らの話に従うなら、「後期日中戦争」期の山東省でも細菌兵器が使用されたことになる。彼らが戦ったのが魯西作戦である。いかなる戦いであり、なぜ、どのように細菌兵器が使われたのか。

第五九師団高級副官として作戦計画を起草した広瀬《ひろせ》三郎《さぶろう》中佐は、戦犯管理所で戦いの目的をこう供述した。

この作戦は山東の魯西地区で行われた。目的は細菌兵器の効力を試すことで、同時に日本軍がコレラ蔓延《まんえん》地域で進攻作戦をしたときの防疫力と耐久力を試すためでもあった。

（「広瀬三郎口供」、『細菌戦与毒気戦』所収）

第五九師団防疫給水班員として検査助手などを務めた林《はやし》茂美《しげみ》衛生曹長も語る。

五九師団防疫給水班は、一九四三年八月から九月の間、山東省館陶《かんとう》・南館陶・臨清《りんせい》などで初めてコレラを散布した。そのときは衛河《えいが》に撒き、その後、堤防を決壊させ、水を各地に流入させることで、迅速に蔓延させせようとした。私はこの散布に参加した。（「林茂美口供」、同右所収）

林らが使用した細菌は、どのように作られたか。彼は言う。

私たちが培養した細菌は、おもにコレラ菌・腸チフス菌・赤痢菌・結核菌などで、ときにまた流行性の脳膜炎菌を培養していた。それらを培養するときは、細菌と培地を孵《ふ》卵《らん》器に入れ、温度を三七度に設定する。コレラ菌は二四時間経過すれば培養に成功できた。私が防疫給水班に入ったとき、八〇本の試験管にコレラ菌三〇本・結核菌一〇本・赤痢菌一〇本・腸チフス菌三〇本が培養されており、別に脳膜炎菌の管が五本・はしか菌も五本あった。(同右)

そもそも、なぜこのような戦争犯罪ともなる危険な作戦を実行しようとしたのだろうか。第一二軍軍医部長で、かつて七三一部隊にも所属していた川島清《かわしまきよし》は戦後、戦犯として出廷したソ連極東のハバロフスクでの裁判でこう語っている。

一九四二年六月、第七三一部隊長石井中将は、部隊の幹部を集めて、近く中国中部派《マ》遣《マ》隊が編成され、これは細菌兵器の最良の使用方法の研究に当る筈であると吾々に語ったのであります。此の派遣隊は、日本軍参謀本部の命令によって編成され派遣されたものので、其の主要な目的は、所謂地上汚染方法、即ち地上に於ける細菌の伝播方法の研究

でした。ついで、中国中部に特別隊を派遣することを命じた関東軍司令官の命令が出ました。（引用者中略）
この特別隊の人数は、一〇〇名から三〇〇名迄になる筈でありました。そして、ペスト菌・コレラ菌・パラチブス菌が使用されることに決まりました。
六月の末から七月の初め迄、該派遣隊は数ヵ班に分れて、飛行機及び汽車で南京「栄」部隊に派遣されました。
該派遣隊の細菌工作は、中国中部に於ける日本軍の浙贛作戦と平行して行われる筈でした。（「十二月二五日午後ノ公判　被告川島ノ訊問」、『細菌戦用兵器ノ準備及ビ使用ノ廉デ起訴サレタ元日本軍軍人ノ事件ニ関スル公判書類』所収）

この約二ヶ月前の四二年四月一八日、日本は初めて米軍機による本土空襲を受ける。防空体制に絶対的な自信を持っていた日本軍は、これで完全にメンツを潰《つぶ》されたうえ、国民に軍への不信感を与えてしまった。米軍機が空襲後、東シナ海を越えて浙江省の複数の飛行場に着陸したことがわかると、参謀本部は急遽《きゅうきょ》、それらを攻略する浙贛作戦を計画する。

石井の言う「中国中部派遣隊」とは、この作戦で編成された日本軍部隊であり、この戦いを利用して細菌実験を行おうとしたのだ。作戦では、実際に細菌が散布されるが、その詳細については、前書を参照されたい。
魯西作戦ではどのようにして細菌が使われることになったか。林は次のように述べる。

一九四三年一月、第一二軍軍医部長で軍医大佐の川島清は、第五九師団防疫給水班に対し、約四時間の巡視と検査を行った。検査内容は衛生関係の書類、防疫給水班が有する細菌検査能力、及び機材と培養器の配備などだった。私は曹長としてこの検査を受けた。その後、第五九師団長で中将の細川忠康《ほそかわただやす》は、第五九師団軍医部長と鈴木敏夫《すずきとしお》中佐、師団防疫給水班長の岡田春樹《おかだはるき》に対し、一九四三年八月までに準備を整えるよう命じた。私はその命令執行に関わった。（「林茂美検挙長島勤資料」、『細菌戦与毒気戦』所収）

すなわち、浙贛作戦で細菌実験を実行した七三一部隊は、次に川島を介して第五九師団に働きかけ、魯西作戦で再び「研究」と称して細菌兵器を使用しようとしたのだ。八路軍の掃討に苦慮していた第五九師団にとって、細菌は毒ガスよりもはるかに効果的な武器だったといえよう。
だが、それと引き換えに、彼らは人間として冒してはいけない一線を越え、部隊の名誉を地に落とし、拭《ぬぐ》い去れない深刻な戦争犯罪者の道へと突き進んでいくことになる。

細菌兵器の実験場と化す

引き続き、「林茂美検挙長島勤資料」をもとに、魯西作戦の経過をたどろう。作戦期間は細菌散布後の九月中旬から一〇月末まで。作戦に主力として参加した第五九師団の動員兵力は次のとおりだ。

第五三旅団司令部一二〇人、独歩第四一大隊三〇〇人、独歩第四二大隊六〇〇人、独歩第四四大隊五〇〇人、独歩第一〇九大隊六〇〇人、独歩第一一〇大隊五〇〇人、独歩第一一一大隊三五〇人、師団工兵隊二五人、北支那防疫給水部済南支部一五人、師団防疫給水班一〇人の計三〇二〇人。このほか、第三二師団の一部部隊や第一二軍防疫給水部、保定《ほてい》陸軍医院関係者も加わった。防疫給水部や医療従事者が数多く参加した点に、この作戦の目的がかいまみえよう。

作戦開始にあたり、細川師団長は、部下に作戦地域の八路軍兵力の調査を命じる。細菌戦に八路軍も巻き込もうとしたのだ。

一方、師団工兵隊は臨清と館陶周辺を流れる河川の川幅や深さ、流量などを実地調査した。この結果を受けた細川は、独歩第四四大隊に対し、作戦開始前の九月上旬に臨清の近くを流れる衛河の堤防を、日本軍のいる河北省方面に向けて決壊させるよう命じる。

堤防の決壊は、林が述べたとおり、細菌を広範囲に蔓延させるだけでなく、水害によって八路軍の動きを止め、さらには広大な農地にも被害を及ぼし、根拠地の食料や経済に強い打撃を与える効果があった。このようななりふり構わぬ攻撃をしなければならないほど、第五九師団は八路軍を追いつめる手立てがなかったのだ。

九月一五日、坂本嘉四郎中佐率いる独歩第一一一大隊（以下、坂本部隊）は、全員で予防接種を受け、コレラが広がった地域を想定した戦闘訓練を行う。また、予防薬品の使い方や食器の消毒方法を学び、彼らができるだけ感染しないような方法がとられた。

以上の準備を整えた坂本部隊は、その日のうちに済南から列車に乗って魯西区に入り、すでにコレラが散布されていた村に三日間駐屯《ちゅうとん》しながら被害状況を調べた。その際は、帯同した防疫給水部から提供された飲料水を飲んでいる。その後、彼らは調査を終えると済南に戻り、コレラに罹患《りかん》していないか検査され、二次感染を防ぐため一週間別地に隔離された。

同じ頃、独歩第四四大隊は、魯西区の梁水《りょうすい》付近でコレラにより命を落とした中国人住民を目撃する。さらにその西の館陶と臨清方面に進むと、病で倒れた遺体の数はさらに増えていく。彼らは汚染された戦地を行軍するとき、絶対にその場にあった生ものや飲み水を口にしないよう命じられ、各将兵に濾過《ろか》水と下痢止めのクレオソート一瓶が手渡された。彼らも駐屯地に戻ると、コレラにかかっていないか検査を受けたのである。

このように作戦中、第五九師団将兵らには徹底した感染予防策がとられたが、これではたして彼らがコレラに感染することはなかったのか。

一五日、林は独歩第四四大隊内でコレラ発症の疑いのある患者が出たとの知らせを受け、衛生兵らを引き連れ、臨清の駐屯地に向かった。そして、検査したところ陽性が確認されたのである。林はすぐさま細川師団長に報告。それから一〇日間、大隊将兵全員に検便をさせ、コレラにかかっていないか調べあげた。その結果、隊内でおよそ二〇〇人の罹患者がいたことが判明する。つまり、細菌実験中に独歩第四四大隊の内部で、コレラのクラスターが発生したのだ。患者はすべて師団の野戦病院に収容して治療することになった。

この流行の原因は何だったのか。師団内の軍医らは話し合った末、今回の感染源は土着の菌によるもので、作戦で使用した細菌からではないという結論に至った。だが、その後の調査で、大隊内で広がったコレラ菌と、細菌実験で罹患した中国人の体内から出てきた菌が同じだったことがわかり、クラスターが実験によるものであることが立証される。

作戦終了後、林は師団軍医部員と実験結果をまとめた報告書を作成した。彼は言う。「その中では発病の原因に関し非科学的な分析をし、原因をともなわない結果を作った。その目的は、コレラ菌を散布したという事実を隠すためだ。この報告書は四〇部作り、上級部隊に提示し、関連部隊にも送って細菌戦の資料とした」。

要するに、七三一部隊は、この魯西作戦での細菌実験で、都合のよい結果を作り出し、それを今後の細菌戦実行のための口実にしようとしたのではないか。改めて述べるが、戦争で細菌兵器を使用することは国際法に違反した戦争犯罪である。これが堂々と行われたのが日中戦争の実態だったのだ。

国際法的にも人道的にも悖《もと》るこの魯西作戦について、戦後日本では七四年に、朝日新聞記者の本多《ほんだ》勝一《かついち》と時事通信記者の長沼節夫《ながぬませつお》が、元将兵の証言をもとに熊沢京次郎《くまざわきょうじろう》の名で出版した『天皇の軍隊』（現代評論社）で取り上げた。また、元高校教員の北岡信夫《きたおかのぶお》も二〇〇〇年に元第五九師団将兵の体験を小説の形でまとめた『永遠《とわ》に続く祈り　死の淵《ふち》から生還した元日本軍兵士の魂の記録』（文芸社）でその実態に迫った。

さらに、中国でも二〇一四年に湖南《こなん》省常徳市の湖南文理学院細菌戦罪行研究所所長の陳致《ちんち》遠《えん》が、『日本侵華細菌戦』（中国社会科学出版社）のなかで日本軍関係者の証言から作戦中の細菌戦について検証している。

だが、本章での考察でも明らかなとおり、この魯西作戦について知る手がかりは、撫順戦犯管理所での元日本軍将兵の供述にほぼ限られており、彼らの証言を裏づける確たる史料は、現段階で筆者が調べた限り見あたらない。

加えて、第五九師団の別の元兵らからも次のような反論が出ている。

黙っていたら戦争犯罪を認めたことになる

『追跡　平頂山《へいちょうざん》事件』（図書出版社、一九八八年）など、日本の戦争犯罪に関する研究を発表していた現代史家の田辺《たなべ》敏雄《としお》は、九五年一〇月、独歩第四四大隊の戦友会、衣《ころも》四四会に対し、魯西作戦の真相究明のために協力を願いたいという書状と質問書を送った。

元大隊第四中隊長で会長の千葉《ちば》信一《しんいち》は、会誌「衣四四だより」第一三号（一九九七年四月一三日発行）で「衣四四会が事実と相違する点について証言に至った経緯」をまとめ、会として田辺の求めに応じたいきさつを次のように述べたのである。

（田辺の調査依頼を受けて—引用者注）このまま質問を無視、黙殺すれば当会（元独立歩兵第四十四大隊戦友会）が虚偽の供述書を基にした記事の内容を是認したと誤解される事となり、又後世に禍根を遺す事になると判断し、質問書に回答すべきと方針を固め、平成七年十一月末「質問書に関する検討合同委員会」を十二月中に開催する旨全役員及び元部隊幹部の会員にも通知し、合同役員会までに各質問事項毎に体験した事実の回答をする様依頼し、同時に質問書の回答は会が一括して行うので、個人的な回答をしない様指導。

九六年六月二一日、東京都内で開かれた合同役員会に田辺が招かれ、質問の回答となる関係者の新たな証言が告げられた。

田辺は、これらの証言をもとに同年八月、「『沈黙』が支える日本罪悪史観のウソ」(『正論』通巻二九〇号所収)を発表する。このなかでは、これまで信じられていた魯西作戦に関する次の二つのことが否定されていたのだ。

そのひとつが、独歩第四四大隊が衛河を決壊させたことである。当時、臨清に駐留していた元第五中隊長の中村隆次は、次のように述べて、衛河は増水による自然決壊だったと主張した。

あの頃、連日の大雨で河川が増水し、濁流は衛河の堤防をすずれん(すずれるは液体があふれること――引用者注)ばかりに流れ行くので、いち早く河川の堤防を巡視したところ、警備隊より対岸の元中国県警が駐屯していた望楼の下付近より河水が漏れ、危険を感じてその付近にあった舟を持ってきて防ごうとしたが、濁流は岸を押し流してしまった。堤を切り崩させた等、とんでもない嘘で笑止千万である。

中村と同じく、元第二中隊長の蓮尾《はすお》又一《またいち》、その部下の小川《おがわ》皓三《こうぞう》、元歩兵砲中隊所属の西沢《にしざわ》勘作《かんさく》も衛河の人為的決壊を否定した。

もうひとつが、戦場へのコレラ菌散布だ。蓮尾は「コレラ菌を散布する等と、とんでもない話で、その中に多くの日本軍隊が駐屯して居るので、我が方に危険極まり無いことをする筈がない」と、戦犯らの証言が間違っていると訴える。小川も「われわれのとった対応は『対コレラ作戦』ともいうべきものだったのです」と、作戦はコレラ菌を退治することが目的だったと述べたのだ。

また、西沢は「汚染地区の討伐行動はあったので、歩兵砲中隊でも検疫の結果、保菌者が何人かあり中隊が隔離されたことは記憶している」と証言したが、これは大隊内で罹患者が発生したとする林の証言と符合する。

以上の証言をまとめた田辺は、最後にこう締めくくった。

残った時間は多くはない。が、まだ不可能ではない。一つでも二つでも多く、あったことは当然ながら認め、なかったことに対してはウヤムヤにせず、はっきりと反論しておこうではないか。それがあとにつづく世代に対する責任だと思うからである。

充分な証拠がないなかで、事実のあるなしを論じるのは、無意味な水掛け論に陥ってしまう。しかし、実際がどうであれ、戦いを引き起こした日本人の戦争責任は認めなければならない。それを前提にして、この問題は我々が必ず明らかにしなければならないテーマといえよう。

日本軍の組織的限界点で起きた館陶事件

魯西作戦で戦場となった館陶は、河北省と山東省の境に位置し、八路軍の動きも活発だった。それゆえに、コレラの散布地のひとつとして選ばれたのだろう。

この館陶で、魯西作戦のおよそ八ヶ月前の四二年一二月二七日、駐屯していた独歩第四二大隊第五中隊の兵一〇人は、中隊長から翌二八日に臨清にある大隊本部に転属するよう命を受ける。すでに彼らはこれ以前に別の部隊から大隊に転属してきており、所属を転々とさせられることに強い不満を抱いた。

その夜、彼らは許可なく飲酒し酩酊《めいてい》する。そして、上官を暴行・侮辱、軍用器物を破損するなど暴れまわったのだ。軍隊は絶対的な縦社会だ。かりに部下が反抗しても、隊長らが権威をもって統制すればよい。

ところが、このとき中隊長ら幹部は、断乎《だんこ》たる措置をとらなかったばかりか、兵の乱暴狼《ろう》藉《ぜき》を抑えきれず、身の危険を感じて兵営の外に逃れたのだった。

軍隊内の服務について記した『軍隊内務令』によると、「中隊長は軍紀を振作し、風紀を粛正し、部下教育訓練の責に任ず」とある。すなわち、第五中隊長は、まったくこれができていなかったのだ。

館陶事件と呼ばれたこのできごとの顚末《てんまつ》は、北支那方面軍司令部「館陶事件ノ概要ニ就テ」（防衛研究所戦史研究センター所蔵。『北支の治安戦〈2〉』にも一部記載）で詳しくまとめられている。なぜこのような事件が起きたのか。同資料では次のように言う。

1、高度の分散配置の結果、指揮掌握及教育訓練共に不十分となり、従って起居其の他に於て長期に亘り不軍紀の儘《まま》放任せられありしこと。

2、幹部特に中隊長級以下の下級幹部の素質低下に伴ひ、統帥の大権に根源する厳粛なる指揮権の承行極めて不十分なりしこと。

即ち中隊長以下整然たる環境に於て厳粛なる内務教育を受けたる経験なく、部下を掌握、統率するの能力十分ならざりしこと。

3、伝統と歴史とを有せず、且掌握団結共に十分ならざる屢次の改編部隊なりしこと。

4、以上の各種欠陥を是正する為の上級幹部以下の熱意努力の不十分なりしこと。

5、新編成部隊に優秀者を充当する等の徳義欠除《ママ》ありしこと。

四一年一二月八日、太平洋戦争が開戦し、日本軍の戦線が中国から南方、さらには太平洋へと拡大すると、そこで戦う将兵の数も激増する。陸軍の場合、四二年はおよそ二四〇万人だったが、四三年になると二九〇万人、四四年には四一〇万人と跳ねあがっていく。これができたのも、徴兵年齢の二〇歳から一九歳への引き下げ（四三年一二月より）や学徒出陣（四三年より）、兵役服務年齢の四〇歳から四五歳への延長（四四年より）、朝鮮での徴兵実施（四四年四月より）などの徴兵についての制度が改正されたためだ。

兵の急増は、訓練の困難、それにともなう素質の低下を招く。また、兵を抱える部隊も増加することで、指揮をとる将校や下士官が必要となるが、その数には限界がある。その穴を埋めるためには、本来適任でない者までも幹部に格上げして部隊を任せざるを得ない。さらに、中国にいる部隊は、たび重なる作戦の変更と、太平洋戦争の戦況に翻弄《ほんろう》され、何度も改編を繰り返す。これら軍隊としての組織の限界点に達した末に起きたのが館陶事件だったのだ。

日本軍の軍紀の乱れを象徴した館陶事件を陸軍中央は重大視する。四三年四月上旬、東條《とうじょう》英機《ひでき》首相兼陸相は、軍の秩序確立を命じる異例の訓示を行う。一方、北支那方面軍司令部は同月八日、「国民政府の参戦と北支派遣軍将兵」（『北支の治安戦〈2〉』所収）と題する小冊子を所属の全将兵に配付し、軍紀粛正の徹底化を図る。ちなみに、「国民政府の参戦」とは、四〇年三月に南京に成立した日本の傀儡政権、中華民国南京国民政府、通称汪兆銘政権が四三年一月に英米に宣戦布告したことをいう。

この小冊子のなかでは、戒めとして次のことを徹底して守るよう述べている。

「焼かず」とは、すなわち彼らの家を焼かないことである。いかなる理由があるにせよ一度家を焼かれた中国人の恨みは未来永劫絶対に消えるものではない。たとえ敵地区への進攻作戦といえども家屋の焼却は絶対に禁止せねばならぬ。

「犯さず」とは、すなわち財物を掠奪せず、婦女を姦せざることである。わが将兵中かくのごとき鬼畜の振る舞いある者は一人といえども存在しないことを確信するものであるが、万一、物欲、情欲に駆られて中国人を犯すがごとき将兵ありとすれば、皇軍の面目にかけても断じて許してはおけない。

「殺さず」とは、すなわち無辜《むこ》の民はもちろん、捕虜といえどもこれを殺戮しないことである。もし当然殺すべきであると思われる場合でも勝手に殺してはならぬ。必ず軍律によって処断すべきである。

「焼かず」・「犯さず」・「殺さず」。この意味を裏返しにすれば三光作戦になる。「焼く」・「犯す」・「殺す」はいずれもハーグ陸戦条約に違反する戦争犯罪だ。八路軍への粛正作戦で日常的にこれらを目にし、かつ自らも手を染めていた日本兵の心は次第に荒《すさ》み、軍紀を乱すことになったのではないか。北支那方面軍司令部が小冊子にこれを載せたのも、それを認識していたからに違いない。

しかし、実際はどうか。前述の魯西作戦、およびほかの章の事例を見ていただければわかろう。小冊子が出たあとも、三光作戦は華北の各地で行われていたのだ。

八路軍は耐えて反撃に転じた

戦争犯罪も厭《いと》わない日本軍の容赦ない攻撃に、八路軍はどのように挑んだか。四三年三月、中共中央は羅栄桓《らえいかん》を山東分局書記兼山東軍区司令員に任命した。このとき山東軍区のもとには、魯中・魯南・膠東・濱海・冀魯辺・清河の各軍区があった。

羅は湖南省衡山《こうざん》県（現衡陽《こうよう》市）の出身。二七年に中共党員となり、毛沢東らとともに革命運動に奔走する。長征にも参加し、延安《えんあん》に根拠地を構えるまで毛らと苦楽を共にする。

日中戦争が始まると、彼は八路軍第一一五師の政治部主任となり、聶栄臻《じょうえいしん》のもとで、晋察《しんさつ》冀《き》辺区の拡大に力を尽くした。

三九年初頭、羅は第一一五師の部隊を率いて山東省に移り、魯西区抗日根拠地の建設に携わる。その後も山東省に留《とど》まり、日本軍や反共高潮となっていた国府軍と戦いを続けていたのだ。

着任した羅は、まず複数に分かれていた第一一五師や山東軍区の部隊を再編成し、軍組織の統一を図る。その上で、彼らに対し整風運動や思想教育を行うことで、軍隊としての団結力を高め、戦闘力の強化に努めた。また、減租減息や大生産運動も実施し、民衆の生活向上にも心血を注いだ。

四三年七月、日本軍からの攻撃にさらされていた于学忠の第五一軍が山東省を離れる。それに代わり、李仙洲《りせんしゅう》率いる第九二軍が南の安徽《あんき》省から北上を始めた。

同月、李が魯西区に攻撃を仕掛けると、羅の山東軍区はこれに反撃し、李軍を安徽省へと追い返す。さらに、彼は進撃を続け、ついには国民党の山東省政府も省外へと撤退させる。これにより、一部残存部隊を除き、山東省から国府軍の部隊はいなくなってしまったのだ。

この大勝を羅は、「山東軍民による傑作だ」（李圭「羅栄桓」、『中共党史人物伝　第三十二巻』所収）と激賞した。

四四年に入ってもその攻勢は続く。特に魯中区では、三月、山東軍区七個団と民兵数千人を動員して、呉化文《ごかぶん》率いる七〇〇〇人の傀儡軍との戦いが起こる。一ヶ月の激戦の末、呉軍に勝利し、膠済線南部の益都《えきと》と博山一帯を攻略した。

五月には、山東軍区三個団が、沂水《ぎすい》城を攻撃し、城内に立てこもっていた日本軍守備隊五〇人と傀儡軍一〇〇〇人余りを撤退させる。魯中区で八路軍が日本軍に大規模な攻城戦を仕掛けて勝利したことは、これが初めてだった。

高克亭（「我所知道的魯中抗日根拠地的発展歴程」〔「私が知る魯中抗日根拠地の発展過程」〕、『山東抗日根拠地』所収）によると、羅と山東軍区の活躍により、四四年末までに魯中区の面積は二万六〇〇〇平方キロメートルに拡大し、人口も三〇〇万人増加したという。

日本軍は毒ガスや細菌兵器を使用したにも拘《かかわ》らず、八路軍を撃退できなかったばかりか、かえって戦力を増大させ反撃を受けてしまった。そのことをどのように考えていたのか。

民衆を敵に回す限り日本軍に勝利はない

魯西作戦が始まろうとしていた四三年七月に第五九師団参謀部員となった沢登貞行《さわのぼりさだゆき》少尉は、そのときの経験を戦後「第五十九師団（衣兵団）の沿革とその作戦警備の概要について」（防衛研究所戦史研究センター所蔵）にまとめた。このなかで彼は、山東省で粛正作戦がうまくいかなかった原因を語る。

中共軍のごとく、軍・政・党が三位一体の総合力をもって、民心の収攬・把握を第一とする即ち、政治優先の政・戦略に対しては、軍事力のみをもっては、之に対応して、治安を確保し、わが方勢力の伸張を図ることは至難であること。

八路軍がただの軍隊でなく、党・行政機関・民衆の複合体であると北支那方面軍が認識していたことは、すでに第一章で述べた。山東省の第五九師団もその認識を共有していたのだ。それがわかっていながら、なぜ彼らは八路軍を倒せなかったのか。

沢登と同じく第五九師団参謀を務めていた折田《おりた》貞重《さだしげ》大佐は、粛正作戦を実行した日本軍について、「満洲事変ごろの土匪討伐、戦略村形成をしたころの意識で、その後の中国大陸の治安工作をしたことに根本の誤りがある」（『兵隊たちの陸軍史』）と指摘する。そのうえで、およそ次のように述べて、日本軍の問題点を批判したのだ。

なぜなら満洲では民度きわめて低く、民族意識も弱く、かつ中共の組織も微弱であった。しかし中国大陸では事情全く違ったが、日本軍はだれもそのことを考えようとしなかった。バカの一つ覚えのように、匪賊討伐をくり返し、その観念から抜け切れなかっ

たのである。（同右）

さらに、「そして中共の勢力が伸張してゆくのは、思想の力でも首脳部の領導のよさでもなく、具体的に民衆のうったえに応えてやるものが、そのとき中共にしかなかったからだ」と、中共の民衆への対応を評価したのだ。

民衆が中共や八路軍を支え続ける限り、日本軍はどんなに残虐な手を使っても、彼らを倒せなかったのである。

第三章　災害との戦い――河南省

晋冀魯豫辺区

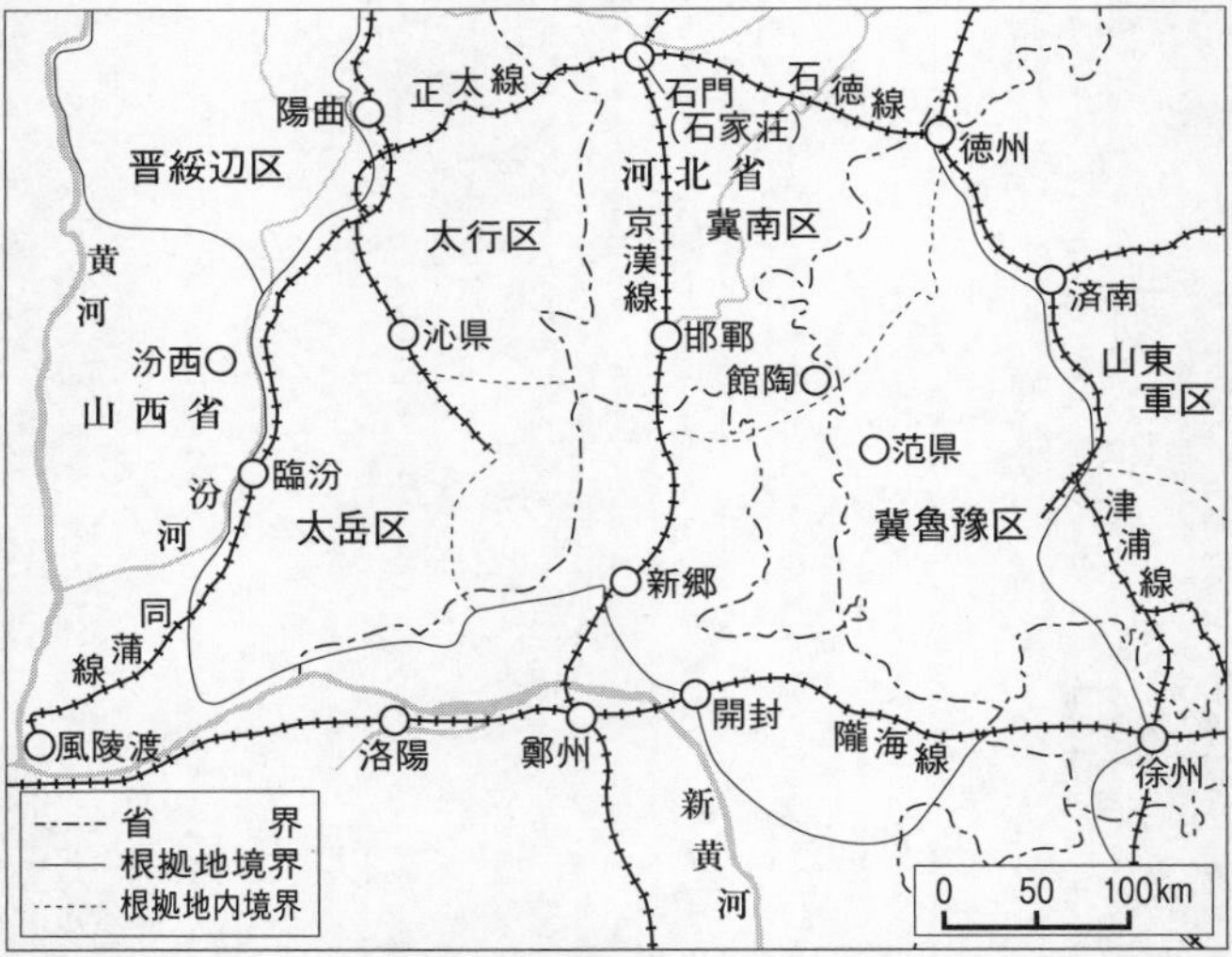

晋冀魯豫辺区（1944年頃）『中国抗日根拠地発展史』北京出版社、1995年所収地図をもとに作成

黄河決壊は抗日戦略のひとつだった

河南省は、黄河中下流域に位置し、北は山西と河北、東は山東と安徽《あんき》、南は湖北《こほく》、西は陝《せん》西《せい》の六つの省と隣接する。省の総面積は終戦頃で約一六万五〇〇〇平方キロメートルに及ぶ。この地は古くから中原といわれ、数多くの王朝が発生し繁栄を築いた。省北部の安陽《あんよう》は、今からおよそ三五〇〇年前、殷《いん》王朝後期に都が置かれた所だ。殷は占卜《せんぼく》に漢字の原点といわれる甲骨文字を用いたことで知られる。

西部の洛陽《らくよう》は、周《しゅう》代の都市国家洛邑《らくゆう》を原形とし、後漢《ごかん》以降いくつもの王朝がここに首都を定めた。省中部にある開封《かいほう》は、隋《ずい》代に大運河が通ると、この地域の商業の中心地として発展し、九六〇年に成立した宋《そう》（北宋《ほくそう》）の首都となる。

このように河南省が早くから発展したのも、黄河の影響が大きい。上流から流れてくる栄養を含んだ土砂が河南省の河岸に流れ着き、肥沃《ひよく》な土地を形成した。そこに人が住みつき、それが集団となり、やがて文明を花開かせていく。

人々に恵みをもたらした黄河は、全長五四六四キロメートルもの長大さがゆえに、ひとたび氾濫《はんらん》すれば、川筋すら変えるほどの濁水が溢《あふ》れ出し、甚大な被害をもたらす。

黄河下流のなかでも、特に河南省の鄭州《ていしゅう》から中牟《ちゅうぼう》の流域は砂泥が溜《た》まりやすく、古くから洪水が何度も起こった。『中牟県誌』によると、その回数は元代《げんだい》（一二七一—一三六八年）から一九三八年までのおよそ六五〇年間で、大きなものだけでも三〇回余りを数える。

日中戦争中に起きた三八年の洪水は、六月九日頃から鄭州の花園口《かえんこう》の堤防が決壊し、集落や農地を次々と水没させていった。南東方面へと流出した河水は幅三〇～八〇キロメートル、長さ四〇〇キロメートル以上に達し、河南省だけでなく、東の安徽省と江蘇省《こうそ》にまで広がる。新たにできたこの河流は新黄河と呼ばれた。そして、この洪水によって五万四〇〇〇平方キロメートル以上（北海道の面積の七割近くに相当）の土地が水に浸《つ》かり、約八九万人が死亡、一二五〇万人以上が住む家を失ったのだ。

その浸水の程度はどのくらいだったか。河南省開封南方の尉氏《いし》付近にいた第一六師団輜重《しちょう》兵第一六聯隊の小原孝太郎一等兵は、一五日の日記にこう書き残す。


横江分隊長が尉氏城内との連絡から帰ってこられた。城壁のまはりは水で、馬は首だけ出して城壁まで泳いださうである。城内に師団司令部があるが、飛行機が機上から乾パンを投げてゐるさうだ。もう城壁外は満々たる水で、アノ自分等の宿営地であった部落も水浸しで影も形も見えないさうだ。（『日中戦争従軍日記』所収）

独歩第五六大隊本部附の梶野渡《かじのわたる》軍曹は、四四年四月二五日、安徽省潁州《えいしゅう》（現阜陽《ふよう》市）の攻

黄河決壊でぬかるみとなった戦場を匍匐前進する日本兵（『「華中特務工作」秘蔵写真帖』所収）。

略を目指す潁水《えいすい》作戦に参加した。だが、その途上、一面の深いぬかるみに足を取られ、行軍が予定より大幅に遅れてしまう。このぬかるみは、まさに黄河の洪水によってできたものだった。拙著『「華中特務工作」秘蔵写真帖』に掲載された、そのとき撮影された写真を見ると、地面はぬかるみ、遠い先にわずかな建物があるのみでほとんど何もない。おそらく洪水によって何もかもが押し流されたのではないか。洪水の被害の深刻さをこの一枚は映し出している。

この甚大な被害をもたらした洪水はなぜ起きたか。『中牟県誌』には次のようにある。

> 六月五日、蔣介石は繰り返し厳命した。今回の決壊は国家の命運がかかっており、小さな犠牲でなく、大きくすることにより達成できるのだ。重要な点は厳しく手を抜かないことであり、必ずあらゆる懸念を打ち破り、決然と実行し、最後にすべてを成功させなければならないと。当時作

業を監督した第二〇集団軍総司令の商震《しょうしん》の命令のもと、新編第八師（元八八師）に花園口近くの京水鎮《けいすい》に進駐させ、堤防決壊の責務を負わせた。この師は六月七日午前、花園口関帝廟《かんていびょう》より西の地点で堤防の破壊を始め、同時に大きな甕《かめ》に爆薬を詰めて発破させたのだ。師長の蔣在珍《しょうざいちん》は自ら現場で作業の指揮をとった。

すなわち、この花園口での黄河堤防の決壊は、蔣介石の命令のもと、現地の部隊によって決行された人為的に作り出された災害だったのである。自然災害ならまだしも、これはきわめて悪質ではないか。

森久男《もりひさお》「蔣介石の対日抗戦戦略と平綏路東段抗戦」（『愛知大学国際問題研究所紀要』第一六〇号、二〇二二年一〇月所収）によると、蔣介石率いる国民革命軍は、二八年より近代的な軍制改革を推し進めるため、ドイツから軍事顧問団を受け入れていた。三五年、団長に就任したファルケンハウゼンは、八月二〇日、「時局に対処する対策に関する建議」を蔣介石に提出し、来たる対日抗戦の基本的な戦略構想を示した。

その構想とはおよそ次のとおりだ。「ファルケンハウゼンの建議は、華北で軍事衝突が起こる危険性が高く、地方軍のみの抵抗に任せて、主抵抗線が平漢線に沿った線まで後退すれば、沿海諸省はすぐに陥落すると予想している。北方では、滄県《そうけん》・保定の線を絶対防禦して、黄河を最後の戦線とし、計画的な人工氾濫による防禦力の増大を付言している」。

つまり、この建議ですでに黄河を人為的に決壊させることが計画に盛り込まれていたのだ。この考えは三六年末に軍事委員会参謀本部が起草した「民国廿六年度国防作戦計画」に採用され、国民革命軍の抗日戦略となる。

三八年五月、国民革命軍は北支那方面軍に江蘇省北部の徐州《じょしゅう》を占領され、戦線が黄河にまで達した。ここに及んで、蔣介石はすでにあった抗戦戦略に基づき、洪水がよく起こる中牟付近に狙いを定め、堤防を爆破したのだ。

河水が溢れ出したことで、北支那方面軍は国民革命軍の追撃を諦《あきら》めた。黄河の戦線をめぐる日中両軍の対決は、決着を見ずに終わる。

前書でも触れたとおり、蔣介石は黄河決壊の五ヶ月後の一一月、湖南《こなん》省都の長沙《ちょうさ》が日本軍の占領目標にならないよう、省政府主席の張治中《ちょうじちゅう》に命じて市内に火を放ち焦土化した。長沙大火といわれたこの組織的放火で、市街地の三分の二が焼失し、住民二万人余りが命を落とす。

国民政府は三九年、黄河決壊の被災者を対象に、内陸の官有地を開放して入植させるという救済策を講じた。だが、そのような措置をしたとしても、黄河決壊も長沙大火も、日本軍の侵略を防ぐという目的だったとはいえ、無辜《むこ》の人々の命を必要以上に奪い、おびただしい数の民衆の生活の糧を無にしたことは、いかに戦時であろうとも非難すべきではないだろうか。

『難民たちの日中戦争』（元データは趙燕「抗戦期河南的難民問題与難民救済」〔華中師範大学碩士論文、二〇〇七年〕による）によると、黄河決壊のあった三八年の河南省における難民の総数は約一一七万人。これは省全人口の一八パーセント余りに及ぶ。省内のおよそ五人に一人が難民となった計算だ。

このような大きな災害にみまわれた河南省では、いったいどのような「後期日中戦争」が起きていたのか。その前に現地の国民革命軍の動向を確認しておこう。

「水旱蝗湯」が河南省の民衆を追いつめる

黄河が決壊したとき、河南省の防衛にあたっていたのが、第一戦区だ。同区は三九年より黄河南岸の洛陽に司令部を移し、河南省の防衛を強化していく。隷下には一一個集団軍を基幹とする総兵力約二〇〇万人を擁する。

三九年一月、同区軍司令長官に衛立煌《えいりつこう》が着任した。衛は、国民革命軍発足以来、蔣介石の側近のひとりとして数多くの作戦に参加した実戦経験豊富な軍人だ。彼は黄河の戦線を守るため、主力の第一四軍を沿岸に配備し、同線を死守するよう命じた。また、遊撃戦を重視し、八路軍とも協力していく姿勢を示す。

第一戦区の部隊以外にも河南省には、第三一集団軍を指揮下に置く魯蘇豫皖《ろそよかん》四省辺区総部（本部は安徽省臨泉《りんせん》）があった。文字どおり、山東・江蘇・河南・安徽の四省が接する地帯を拠点とする部隊である。辺区といっても中共の組織ではない。これを率いていたのは第三一集団軍長でもあった湯恩伯《とうおんはく》である。湯は蔣介石と同じ浙江《せっこう》省出身。若くして日本の陸軍士官学校に留学した。その後、衛と同じく国民革命軍で順調にキャリアを積んでいく。

湯を一躍世に知らしめたのが、台児荘《たいじそう》の戦いだ。これは黄河決壊前の三八年三月から四月にかけ、山東省最南部の台児荘で、徐州攻略に向かう北支那方面軍の第二軍に国府軍が激しく抵抗し、これを撃退した戦闘である。

湯は装備を充実させた第二〇軍約一〇万人を率いて奮戦し、勝利に大きく貢献する。この戦いを中国側は抗戦開始以来の大戦果と宣伝し、湯も抗日英雄のひとりと称された。蔣介石も彼の活躍を認め、四〇年冬、新設した魯蘇豫皖四省辺区総部の総司令と第三一集団軍長の地位を与えたのだ。

しかし、湯の活躍を認めるなら、なぜ蔣は彼を前線でなくそのような辺鄙《へんぴ》な地に異動させたのか。

湯の知人で第八五軍代軍長を務めた張文心《ちょうぶんしん》は、次のように言う。

蒋介石は抗戦に迫られていたが、心では決してそれを望んでいなかったのは、抗日に消極的であり、反共に積極的だったからだ。西北の陝甘寧《せんかんねい》辺区と中原の豫皖蘇辺区（新四軍の根拠地のひとつ―引用者注）は、蒋の認識によると、どちらも中共の活動の中心地で、国共双方が必ず争う地だった。そのため、蒋はそこに部隊を紛れ込ませることで、抗日を騙《かた》って密《ひそ》かに中共を弾圧しようとした。湯恩伯の潜入部隊は、頑強に蒋介石の意図を実行した。彼は魯蘇豫皖辺区で日本人に遭遇すると退き、中共の抗日勢力があれば打撃を加えたのである。（「関于湯恩伯的片断」、『我所知道的湯恩伯』所収）

蒋の意を受けた湯は、総司令着任後すぐ、一〇万人以上の兵を率いて、豫皖蘇辺区に進攻し、新四軍第四師と交戦したのである。

八路軍と抗日で協調する衛立煌と、新四軍に攻撃を加える湯恩伯。この両者の存在は、抗日と反共で揺れ動く蒋介石の戦略上の不安定さを示していたといえよう。

張はまた、湯に関しこう述べる。

我々が当時からもっとも耳にした「水旱蝗湯《すいかんこうとう》」ということばは、彼が河南でやったあらゆる事柄を表している。もともと、河南の民衆は水害・干魃《かんばつ》・蝗害《こうがい》の三つの大きな災害に見舞われたが、湯恩伯が河南に来て以降、その被害は拡大した。人々の間で湯軍のことが話題になると、顔色を変えない者はなく、みんな恨み骨髄に徹したのである。

（同右）

「水旱蝗湯」のうち、水害は黄河決壊のことだが、旱魃と蝗害は、水害を引き金にして発生した。「後期日中戦争」中の四二年に河南省を襲った干魃は、少なくとも三〇〇万人の民衆を死に追いやったという。この詳細は後述する。

ところで、湯がこれら被害をさらに大きくしたとはどういうことか。湯の配下で、魯蘇豫皖挺進《ていしん》第一七縦隊司令の湯来若《とうらいじゃく》は、湯恩伯が辺区で民衆に対して犯した「罪」として、次のことをあげている（「湯恩伯在四省辺区的種種罪行」、『我所知道的湯恩伯』所収）。

①民衆の住居を接収し兵舎にした。②民衆から銃器を取りあげて兵のものとした。③成人男性を連れ去って兵とした。④民衆に強制して道路の改修や塹壕《ざんごう》を掘らせた。⑤民衆から食料や燃料を取りあげて軍のものとした。⑥民衆にさまざまな税を課して取り立てた。

湯がこのような横暴ができたのも、蔣介石からの厚い信用があったためだ。独裁的な権力を得た彼は、いつしか「中原王」とあだ名されるようになる。

一方、災害ですべてを失った河南省の民衆にとって、湯の行為は命の危機に迫る耐えがたいものであった。彼らにとって戦う相手は、祖国を侵略してきた日本軍でなく、目の前で牙《きば》をむく災害と、独裁者として君臨する湯恩伯だったのだ。

国府軍がこのような複雑な状況であったのに対し、河南省の八路軍はどのように抗日戦を戦ったか。

晋冀魯豫辺区と日本軍の攻防戦

抗日根拠地のうち、河南省に勢力を張っていたのが、八路軍第一二九師が創設した晋冀魯《しんきろ》豫《よ》辺区だ。同区は正太《しょうたい》・石徳《せきとく》・津浦《しんぽ》・隴海《ろうかい》・同蒲《どうほ》（大同《だいどう》―風陵渡《ふうりょうと》）の五つの鉄道路線に囲まれた一帯を範囲とする。人口はおよそ二八〇〇万人。軍区は太岳《たいがく》・太行《たいこう》・冀南《きなん》・冀魯豫の四つ（戦後、豫皖蘇区も加わる）。このうち、太行区と冀魯豫区が河南省北部に張り出していたが、黄河以南までは進出していない。

同区の兵力は、四一年末時点で地方軍が約五万六三〇〇人。民兵は四四年の統計で四〇万人を数えた。

晋冀魯豫辺区も華北のほかの辺区と同様、五度の治安強化運動に直面する。太行区の場合、日本軍は一本およそ七〇キロメートル以上ある長い遮断壕を三重に張りめぐらし、その線上八〇〇メートルおきにトーチカを設けて守りを固める。そして、遮断壕の間に住んでいた民衆は強制的に他所に追いやり、そこを無人区としたのだ。

冀魯豫区では、四二年前半に、日本軍と傀儡《かいらい》軍の拠点が合わせて一〇〇〇ヶ所余りできる。また、遮断壕も三〇本以上あり、その全長は約三五〇キロメートルに達した。これら遮断壕を作るために、日本軍は民衆を強制的に動員していく。

このいわゆる囚籠《しゅうろう》作戦は、どの程度彼らを苦しめたのか。「一九四一年冀魯豫辺区概況」（『中共冀魯豫辺区党史資料選編　第二輯　文献部分（中）』所収）によると、次のとおりだ。

六月までに、我々の必要とする各種物資および医薬品や無線の機材はすべて購入できなくなった。最近敵の我々の必需品に対する取り締まりはきわめて厳しいうえ、彼らが製造した麻薬を根拠地に安い値段で売りつけようとしている。また、金融についてもいろいろな方法で破壊し（たとえば、紙幣の偽造・魯西票〔魯西区で流通する貨幣——引用者注〕・現地の産物や銀塊を買い占めるなど）、農産品の統制と三光作戦を実行している。

晋察冀《しんさつき》辺区も囚籠作戦に苦しめられたのはすでに述べたが、晋冀魯豫辺区の場合も同じような窮地に陥っていたのだ。

では、彼らはこの苦境のなかで日本軍にどう立ち向かったか。第一二九師長の劉伯承《りゅうはくしょう》は当時をこう振り返る。

一九四二年、晋冀魯豫全区で大規模な減租減息を行う。多くの幹部は農村に深く入って民衆に働きかけ、広く農民を指導して減租減息の闘争を展開した。さらに、農民を教育して生活改善と抗日運動を結合させた。このように、多くの農民をより一歩動かすことで、農村に新たな変化を生み出し、人民武装と人民政権とのつながりを迅速に強めていったのである。

また、辺区の軍人と民衆は増産と節約、そして自給自足の号令のもと、大規模な生産活動に入った。このとき、財政と経済についても積極的に取り組み、税収と幣制を整える。たとえば、冀南銀行が発行する紙幣を晋冀魯豫全区に流通させた。

こうして、大々的に敵との闘争に力を注ぐことで、辺区の軍需と民需を確保していったのである。（「我們在太行山上」、『八路軍　回憶史料（1）』所収）

彼らの抵抗の様子も見ておこう。四二年に入ると、日本軍は晋冀魯豫辺区付近で粛正作戦を繰り返す。これを受けて、劉伯承は、第一二九師を三つの部隊に分けて遊撃戦を展開。日

第129師と晋察冀辺区の指導者ら。左２人目より聶栄臻、鄧小平、劉伯承、呂正操（『劉伯承伝』所収）。

本軍の側面や背後を襲い攪乱《かくらん》させる。

この戦いのなか、五月下旬、太行区で八路軍副総参謀長の左権《さけん》が命を落とす。彼は一九〇五年、湖南省醴陵《れいりょう》生まれ。軍事理論や戦略戦術に秀《ひい》で、数多くの軍事文献を執筆し、百団大戦など中共軍の作戦にいくつも関わった。

彼の戦功のひとつに、黄崖洞《こうがいどう》保衛戦がある。黄崖洞は太行区内の黄崖山《こうがいさん》の山頂に位置し、八路軍最大の兵器工場が置かれていた。ここでは歩兵銃や地雷、手榴弾《しゅりゅうだん》など、八路軍が抗日戦を戦ううえで必須《ひっす》の兵器が製造されており、たびたび日本軍の掃討戦の標的になる。

四一年一一月、日本軍はおよそ五個大隊約五〇〇〇人の兵力で黄崖洞への攻撃を開始。左は前線の部隊に五日間は持ちこたえるよう指示し、その間に工場にあった機械と工員を安全な場所に避難させ、日本軍が来てもそれらが破壊されないようにしたのだ。案の定、日本軍が兵器工場に押し入ったとき、そこはもぬけの殻だった。

その後、日本軍は火器やガス弾を用いて、黄崖洞の八路軍陣地を猛攻撃する。それを受けた一二人の八路軍兵士が命を落とす。後に彼らは「黄崖洞一二勇士」として称《たた》えられる。追いつめられた左権らは、伏撃戦を駆使して抵抗を続け、日本軍を撃退した。

黄崖洞で敗れた日本軍は、四二年、太行区への掃討戦を始める。同区には八路軍総部や中共中央北方局があり、日本軍はこれら八路軍の重要組織を攻撃しようとした。

この事態を受けて、左権は一個旅を率いて戦いに臨むも、銃弾を頭部に受け戦死してしまう。彼の亡くなった地の山西省遼県《りょうけん》は、後にその功績を称えるため、左権県となる。

河南省は「生き地獄」と化す

晋冀魯豫辺区のあった一帯は、もともと穀倉地帯として知られる。また、綿花の栽培も盛んで、冀南区で産出される綿花の量は、華北全体の生産量のおよそ四〇パーセントに達した。さらに、鉱産資源も豊富だ。太岳・太行両山脈の麓《ふもと》には、石炭や鉄鉱石の鉱脈がいくつも眠る。これ以外にも、銀・銅・アルミニウムなどの資源も埋蔵されていた。

第 129 師長の劉伯承（右）と左権（『劉伯承伝』所収）。

本来であれば、中国側はこれらの資源をもとに、河南省で抗日戦を充分に戦い抜くことができたであろう。だが、それが敵《かな》わずに追い詰められた主たる理由のひとつは、やはり国府軍による黄河の決壊と、それにともなう「水旱蝗湯」だ。とりわけ、四二年に発生した大干魃は、その被害の最たるものであった。

なぜ干魃が起き、被害はどの程度だったのか。また、国民政府からの救済はあったのか。当時、河南省政府建設庁長を務めていた張仲魯《ちようちゆうろ》の回想「一九四二年河南大災的回憶」(『1942河南大飢荒』所収)をもとに見ていこう。

この干魃の原因について、張は自然災害と人災のふたつを挙げている。自然災害はこうだ。

(一九四二年は―引用者注)春の間ずっと雨が降らず、麦の収穫量が平均の一割から二割しかない。人々の心は落ち着かなくなり、日々を過ごすことさえ難しくなったが、ただ秋の収穫にだけは希望を持った。

しかし、夏になっても雨は一向に降らず、早秋で作物は全滅したのだ。晩秋になりある地方では早めに種を播《ま》いたが、やはり雨が充分でなく、種まきが遅いと、たとえ苗が育っても、実がつかなかった。

今回の大災害は、河南省全体に及び、被害を免れた県はどこにもない。さらに、災いはこれだけでなく、夏と秋には蝗《いなご》が何度も襲い、野山にあふれ、何日も空を覆い、田畑に落ちては苗を食べ尽くしていったのだ。

ちなみに、この年の春から夏にかけて、長江下流の浙江省では、六〇年に一度といわれる大豪雨に見舞われ、河川の氾濫が各所で起きた。さらに、豪雨が過ぎると、こんどは猛暑が続く。

このとき、同省にいた日本軍将兵のなかには、この極端な気候の変化で体力を奪われ、熱中症や細菌感染症に罹《かか》って倒れる者が相次いだ。「後期日中戦争」は、一面で災害との戦いだった。

干魃のもうひとつの理由の人災について、湯恩伯の圧政があったことはすでに述べたが、それ以外にも問題があった。再び張は言う。

一九四二年夏、蔣介石が招集した西安軍糧会議で、同年の河南省の軍糧（軍隊に与える食料―引用者注）割り当て額を二五〇万石に減らすことが決まる。その後、河南省政府は役員を指名して各地に派遣し、軍糧を催促する一方で、被災状況を調査した。

このふたつの任務は、当時から適切でなく、また矛盾に満ちていた。すなわち、河南省の人々の切なる希望と農民の切迫した求めは、軍糧徴収の免除と民衆への負担軽減であった。だが、省政府の真の目的は軍糧を手に入れることで任務を終えることだった。彼らはこの真の目的を隠すため、農民を騙《だま》し、このふたつの任務を実行していったのだ。

張も役員のひとりとして、干魃の被害を見て回った。そのとき、彼は次の事態に遭遇する。

滎陽《けいよう》県の有力者による集会で、県長の左宗濂《さそうれん》は軍糧徴収の任務が完了できないと泣きだした。鄭州でも県長の魯彦《ろげん》は、李《り》という一家がわずかばかりの麦を軍糧として取り上げられたあと、家族全員で川に身投げしたと報告した途端、涙で言葉を失い、頭を地面にこすりつけて軍糧の免除を求めてきたのである。

新鄭《しんてい》に赴いたときは、密県《みつけん》代表の白《はく》という老人が県の被災状況を話し、大声で泣きわめく。食べ物に困った沿道の被災者も、ある者は草の根を掘り、ある者は樹木の葉を取り、ある者は樹皮を剥《は》がして口にした。

鄭州から大通りに沿って南に進むと、食べる物がなく途方に暮れる人々が後を絶たない。その光景は凄惨《せいさん》であり、目を背けざるを得なかった。

日本軍の侵略に端を発し、「水旱蝗湯」で何もかも失った河南省の民衆に、軍糧を提供するような余裕はどれほどあったか。彼らは、誰からも助けられることなく、また明日生きられる保証もなく、ただただ洪水でできたぬかるみと、干魃で乾ききった大地を彷徨《さまよ》い続けるしかなかった。そこはまさに「生き地獄」そのものだったのだ。

彼らの不幸はこれだけに止《とど》まらない。四三年になると、日本軍が再び侵略の牙をむく。ついに彼らは黄河を越え、河南省の中枢に迫っていくのである。

第四章　「鬼」と「鬼」との化かしあい——山西省

晋綏辺区

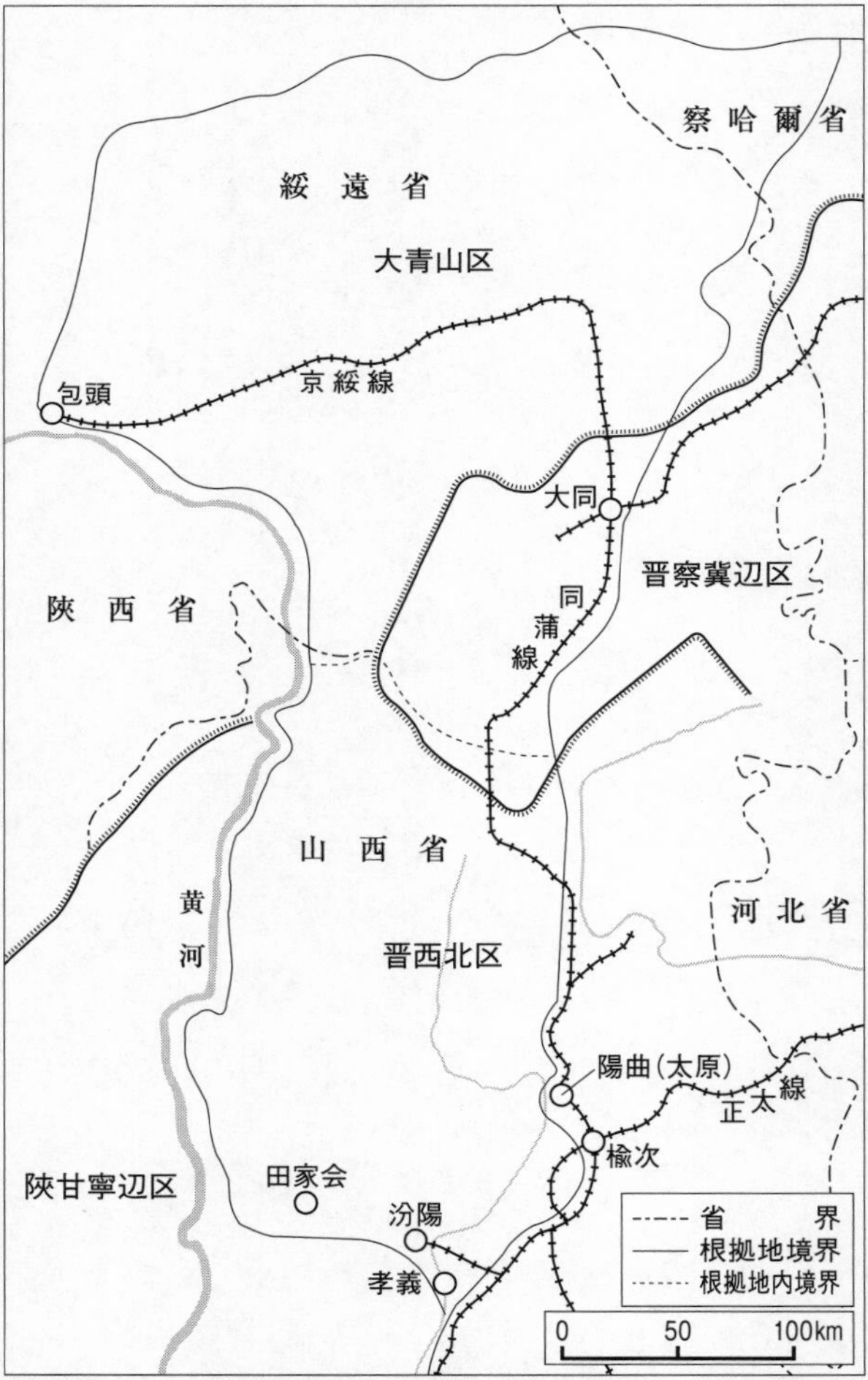

晋綏辺区（1944年頃）『中国抗日根拠地発展史』北京出版社、1995年所収地図をもとに作成

対伯工作はなぜ失敗したか

山西省は、黄土《こうど》が厚く堆積《たいせき》した標高一〇〇〇メートル以上ある黄土高原の東部に位置する。距離は東西におよそ三七〇キロメートル、南北に約六七〇キロメートル。総面積は約一五万五〇〇〇平方キロメートルあまりに及ぶ。

省の北は万里の長城を隔てて、かつて綏遠《すいえん》省のあった内蒙古自治区中部と接する。東は二〇〇〇メートル級の山々が連なる太行《たいこう》山脈を挟んで河北省へと続く。南の河南省と西の陝西《せんせい》省の間には、中国文明を育《はぐく》んだ母なる川、黄河が流れる。これら構築物と天然の要害が山西省へ攻め込もうとする外敵の行く手を阻む。ちなみに、山西省という名は、この地が太行山脈の西側にあることに由来する。

この地は古くから鉱物資源が豊富に埋蔵されていることで有名だ。特に石炭は、省のほぼ全体に分布する。このほか、アルミニウム、鉄、コバルト、石灰なども、全国一または有数の埋蔵量を誇った。

縦長の平行四辺形のような形をした山西省の経済は、これら資源の開発に依《よ》る。もっとも発展しているのが、北東部の大同《だいどう》から省都の太原《たいげん》をへて、南西部の運城《うんじょう》に至る省中部の盆地だ。同蒲《どうほ》鉄道（同蒲線）が貫き、省全体の約七〇パーセントの農工業製品を産出する。次に発展しているのが陽泉《ようせん》、長治《ちょうじ》、晋城《しんじょう》の三つの鉱工業都市を有する東部の山地。これに対し、呂梁《りょりょう》山脈を擁する省西部は開発が遅れ、経済力も劣る。

この地に清末《しん》より三〇年以上実権を握り、「山西王」とまで言わしめた人物がいる。閻錫《えんしゃく》山《ざん》だ。彼は一八八三年、山西省五台《ごだい》県に生まれる。若くして軍人になることを志し、一九〇四年、清国の派遣で軍人を養成する振武学校に留学を果たす（のち、〇七年には陸軍士官学校に入る）。翌〇五年、清国の打倒を目指す孫文が、亡命先の日本で革命団体の中国同盟会を旗揚げする。日本にいた多くの中国人留学生は、革命思想に共鳴しこぞってそれに加入したが、そのなかに彼の姿もあった。

帰国後は、清国の正規軍である山西新軍の部隊長を務めながら革命運動に奔走する。そして、一一年一〇月一〇日、武昌《ぶしょう》起義をきっかけに辛亥《しんがい》革命が勃発《ぼっぱつ》すると、彼は反旗を翻し、太原に政権を樹立したのだ。

中華民国成立後すぐ、閻はそのまま山西省の支配者として君臨。途中、蔣介石と対立し、いちじその地位を逐《お》われる。だがすぐに復帰し、戦後、国共内戦で中共に敗れて台湾《たいわん》に逃れるまで、長くその座を保持した。

戦乱の止まない中国で、閻はなぜそれほど長期間にわたって権力を握り続けることができたのか。その大きな理由のひとつが、彼が実施した保境安民《ほきょうあんみん》政策だ。これは、山西省の厳正中立と他省との相互不干渉を保ち、その間に省内の政治や経済を発展させて、安定的な統治体制を構築するというものだった。この政策は、一九世紀前半、米欧両大陸の相互不干渉を外交政策に掲げたアメリカ第五代大統領J・モンローの名にちなみ、「山西モンロー主義」とも呼ばれる。

閻は保境安民によって、周辺の争いに巻き込まれることを避け、同時に内政に力を注ぎ、強固な権力基盤を築いていく。

日中戦争が起こると、閻は第二戦区司令長官として、山西省を侵略した日本軍と戦う。だがその一方で、彼は水面下で日本軍側と停戦交渉をしていたのである。日本軍はこれを対伯《たいはく》工作と呼んだ。

なぜこのような工作名なのか。これは閻の字《あざな》である伯川《はくせん》から取ったという以外に次の諸説がある。たとえば、『北支の治安戦〈2〉』のなかに、工作に携わった元第一軍参謀長の田中《たなか》隆吉《りゅうきち》の証言が残されている。彼によると、当初、工作は閻の甥《おい》の閻宣《えんぎ》亭《てい》が日本軍との連絡にあたっており、彼が閻錫山を伯父と呼んでいたことから、この名がついたという。

一方、同じく工作にあたった元北支那方面軍参謀の堤寛《つつみひろし》は、「対伯工作（北支那方面軍参謀堤寛資料）S20」（防衛研究所戦史研究センター所蔵。以下、「堤寛資料」）のなかで、閻の部下の伯　某《なにがし》がおもに日本軍との折衝にあたったためこの名がついたと語る。元支那派遣軍総参謀副長の今井《いまい》武夫《たけお》は、『昭和の謀略』のなかで、工作名をつけたのは、田中の後任参謀長の楠山秀吉《くすやまひでよし》少将だったとしている。
名称はさておき、堤によると、工作は終戦までに次のように三回あったという。

第一次工作
事変前より直後に亘り北京特務機関たる土肥原《どいはら》機関次いで高橋武官（今の高橋中将）之に当れり（高橋武官とは高橋坦《たかはしたん》中将のこと―引用者注）
第二次工作
昭和十六年大東亜戦開始と共に当時山西駐軍の第一軍参謀長花谷《はなや》少将之に当れり
第三次工作
昭和十九年九月大東亜戦の困難なる状況下に北支那方面軍にて行ひ謀略参謀たる堤参謀之に当れり（「堤寛資料」）

特に、「後期日中戦争」が幕開けしたときの第二次工作では、「大東亜緒戦の赫々《かくかく》たる戦果の下に中国の命運も風前の灯の感の如き状勢下に対伯工作を再開せられたり。而して屢次《るじ》の連絡の後に最後的会見に至りたるも、一億の金額と我が方の誠意の不足（会見記事等を新聞発表。伯の政治的地位に影響を来せるによる）により十七年物分れ的失敗に帰せり」と、振り返った。

かりに、対伯工作が成功していたら、その後の戦争の展開は大きく変わっていただろう。この点でも、この失敗の原因を探ることは、華北の「後期日中戦争」をたどるうえで、きわめて重要だ。

閻錫山は「漢奸」になることを厭わなかった

『東京裁判資料・田中隆吉尋問調書』によると、一九四六年四月一日、東京裁判第二〇回で尋問を受けた田中隆吉は、対伯工作（第二次）について尋ねられた。彼は言う。陸軍省兵務局長時代の「一九四一年五月、六月、七月は、閻錫山という、山西省の支那側将軍の要請によって派遣され、支那との和平交渉の可能性について、将軍と直接の会談を行ないました。この将軍との会談はうまくいったのですが、最終段階で北支の他の支那側将軍の反対にぶつかりました」と。

これに対し、今井は対伯工作の開始は次のとおりだとしている。

最初この工作に着手したのは昭和十五年（一九四〇年―引用者注）春で、山西駐屯の第一軍参謀長田中隆吉少将が蘇省長（蘇体仁《そたいじん》山西省長―引用者注）とはかって、支那派遣軍参謀長板垣征四郎《いたがきせいしろう》中将の信書を閻錫山に送って連絡を開始した。（『昭和の謀略』）

田中は四〇年一二月に第一軍参謀長から陸軍省兵務局長に転じている。今井の証言を信じるなら、対伯工作は田中が第一軍参謀長中の四〇年春より着手された。そして、四一年になり兵務局長の田中、堤、楠山、花谷らによって本格的に進んだ。なお、花谷とは楠山の後任として第一軍参謀長を務めた花谷正《ただし》少将のことである。

ところで、なぜ対伯工作はこのとき始まったのか。それは、日本軍・閻錫山双方が抱えていた問題に起因していた。まずは日本軍側の問題である。日中戦争勃発後、日本軍は山西省に進攻し、省都の太原を攻略した。しかし、その後日中戦争の全面化により戦線が拡大すると、前線ではない山西省から部隊が次々と抽出されていく。それにより生じた軍事的空白地には中共が勢力を広げていった。日本軍が八路軍と対抗しながら、このまま山西省の戦線を維持するには、閻錫山との戦いはできるだけ避けたかった。

もうひとつは閻錫山側の問題。これについては、内田《うちだ》知行《ともゆき》「新軍事件―山西省における抗日闘争の転換点―」に詳しい。閻錫山には、自らが率いる山西軍（晋《しん》軍、または晋綏《しんすい》軍）のほか、抗日統一戦線形式の大衆組織である犠牲救国同盟会（以下、犠盟会）の部隊が指揮下にあった。後者は山西軍と区別するために山西新軍と呼ばれる。犠盟会は日中戦争で崩壊した山西省の県行政を代行していた。

三八年、山西省に勢力を伸ばした中共は、犠盟会に影響力を及ぼしていく。犠盟会の主導権を閻錫山から奪うことで、同省の大衆動員ができ、ひいては山西省の実権を握ることも期待できた。

閻はこの動きに当然反発する。三九年一一月、彼は部下に山西新軍を攻撃するよう命じ、同時に八路軍と対抗するため、本来敵であるはずの日本軍と連携を試みる。日本軍も閻錫山も、中共という共通の敵を前に手を握ろうとしたのだ。

ちなみに、中国では、古くより異民族の侵略をなんども受けてきた経験から、敵に寝がえって自国に不利益を与えた者をとりわけ軽蔑《けいべつ》し、民族の裏切り者を意味する「漢奸《かんかん》」と呼んで非難した。蔣介石の片腕で、四〇年三月、日本軍占領下の南京に日本の傀儡《かいらい》政権を建てた汪兆銘は、「漢奸」として今日でも中国民衆から激しい非難を浴び続けている。中国に侵略してきた日本軍と手を組もうとする閻錫山も、「漢奸」とみなされてもおかしくなかった。

そもそも閻と日本はいかなる関係にあったのか。

閻錫山と長年親交のあった元北支那方面軍報道部長の平野《ひらの》忠嘉《ただよし》は、「対伯工作裏話」（『黄土の群像』所収）でそのことを語る。彼によると、閻が陸軍士官学校に通っていたとき、教育隊長が岡村寧次、教官が板垣征四郎、同期で聯隊訓練のときに同じ内務班で寝食をともにしたのが土肥原賢二だった。三人とも日中戦争で重要な役割をはたし、後に大将まで昇りつめる陸軍きってのエリートだ。

彼らとの関係は閻が帰国してからも続く。一九二〇年代、すでに「山西王」となっていた閻のもとに、北京駐在の土肥原が足繁く通う。閻は土肥原が山西省の情報を探っているのを知っていたが、特にそれを止めようとしなかった。

一九三〇年、閻は蔣介石との内戦に敗れ、日本の植民地である遼寧《りょうねい》省大連《だいれん》に逃れる。このとき、彼は関東軍奉天特務機関長を務めていた土肥原とある密約を交わす。それは、閻が関東軍の満洲占領に賛同する代わりに、同軍は閻が華北の支配者となることを支持するというものだった。

密約を受け入れた閻は、日本軍の飛行機で山西省に戻る。そして、蔣介石との関係を修復し、ふたたび「山西王」に返り咲いた。つまり、閻が「山西王」として君臨できた一因には、板垣や土肥原らを通じた日本軍の強い支えがあったのだ。

先のとおり、今井が対伯工作を始めるにあたり、田中隆吉が板垣の信書を閻に送ったとあったが、これは彼らの長年の関係を利用した計略だったといえよう。

なお、板垣は関東軍参謀副長を務めていた三五年一月、大連に在華日本陸軍関係者を招いて開かれた会議（大連会議）で、華北五省に自治政権を設けて国民政府の支配から切り離す、いわゆる華北分離工作の実施を主張した。山西省の自治の担い手は、もちろん閻錫山だ。この方針は、翌三六年一月、「第一次北支処理要綱」に盛り込まれ、日本の対中政策となる。これにより、日本にとって閻は排除する敵でなく、協力を求める相手となったのだ。

ところで、閻は日本と関係が深くなることにより、「漢奸」と蔑《さげす》まれることを恐れなかったのか。この問いについて、戦後、平野は「対伯工作裏話」のなかで、閻から次のように聞いたと記している。

閻は日本留学中、日本の実情に触れ、いつか中国統一の中国革命を成功させるには、日本の経験と方策、特に明治維新の成功に学ぶ以外方法はないと確信した。その明治維新は、将来の日本のために奔走した藩もあれば、自分たちの利益のみに走った藩もある。閻はそれらの動きに対し、「当時の日本人がそれぞれどのような姿勢をとったにせよそれは安定した統一日本国家を実現し、国益を発展させようという希《ねが》いから出ていたということである」と、解釈した。そして、明治維新を達成した薩長土肥《さつちょうどひ》の志士らは、「こうした現象を冷静かつ客観的に分析判断し、時には現象に便乗、時には利用して有利な情勢を作りあげ、遂に成功をかちとった」のだと分析している。

閻はさらに言う。後世の歴史家は自分の行為を功利に走った非道徳的なものと批判するだろう。だが、「私は日本の維新史をつぶさに学び、これから大きな示唆を得、維新の先覚等の革命戦術をそのまま私の革命の戦術とした」。

閻は幕末の志士らがさまざまな思惑を抱きながらも手を取りあって明治維新を達成したように、孫文の生涯の夢だった中国革命を実現できるなら、たとえどんな批判を受けようとも、敵である日本と手を結ぶことさえ厭《いと》わなかったのである。

対伯工作は九分どおり成功する

対伯工作は、実際にはどのようにして始まったのか。再度、平野「対伯工作裏話」を見てみよう。そこにはこのようにある。

それは一九四〇年の初めだった。日本軍太原特務機関の委嘱で、表面上日本軍に帰順していた白太沖《はくたいちゅう》は、特務機関嘱託小林高安《こばやしたかやす》と共に孝義《こうぎ》県の兌九峪《だきゅうよく》に着き、ここで「興亜《こうあ》黄軍《こうぐん》」司令蔡雄飛《さいゆうひ》の紹介した隰《しつ》県大麦郊《だいばくこう》駐在の閻錫山警衛軍軍長傅存懐《ふそんかい》と逢い、日、閻両軍の合作問題について協議、その結果を日本軍に伝えた。

白は孝義県白壁関《はくへきかん》出身。同県で区長を務める。日中戦争勃発後、地元の青年を集めて遊撃隊を組織して日本軍に対抗したが捕らえられた。拘禁中、日本軍憲兵の勧誘を受け、閻錫山を説得する特務工作の任務に就く。堤が対伯工作は日本軍と折衝にあたった「伯某」が名前の由来と述べていたが、これはおそらく、この白太沖のことを指していたのではないか。

蔡は第二戦区隷下の第一九軍第六八師副師長で、日本軍が山西省西部の柳林《りゅうりん》を攻略した際に投降する。日本軍は彼を興亜黄軍と名づけた中国人部隊の司令官に任じた。それと同時に、日本軍と閻錫山との連絡役となる密命を与える。だが、実は、彼はすでに閻から日本軍に身を投じ、日本側との和平工作を進めるよう命じられていたのだ。

白らの協議結果を受けて、日本軍は閻側と直接意見を交わす。そして、山西省で両軍はひとまず停戦し、八路軍の壊滅に協力するとともに、相互に物資を交換することを約束した。その後は、日本軍と繋《つな》がりのあった蘇体仁と閻の腹心 梁上椿《りょうじょうちん》が中心となり、日本軍との話し合いを進めていった。

白らと同じく対伯工作に関与し、閻の側近を務めた南桂馨《なんけいけい》と趙承綬《ちょうしょうじゅ》は、「抗戦期間閻錫山和日寇的勾結」(「抗戦期間における閻錫山と日本との共謀」、『文史資料選輯 第五輯』所収)で述べる。当時、閻は日本と手を組むことに賛成しない部下に対しては、「存在することは、すなわち真理であり、必要とすることは、すなわち合法である」ということばで言い聞かせていたという。

これについてふたりは次のように批判した。「彼は自分が生き残るために、日本と手を結び、甚だしきに至っては日本に投降したのだ。そして、それも合理合法としたのだ。国家と民族の利益というものは、彼の心の中にはなかった」。

彼らは閻への反発を胸に抱えながら、命令に従い続けたのである。

日本軍と閻側は交渉のテーブルを作るために約半年間協議を重ねた。この間、ヨーロッパでは四月から五月にかけて、ドイツ軍が北欧と西ヨーロッパに進攻を開始。六月下旬、フランスの大半を占領すると、ドーバー海峡を隔てたイギリスを屈服させるため、首都ロンドンを空襲する。日本は九月二三日に北部仏印に進駐。その翌日に日独伊三国同盟を結び、世界戦争へさらにのめり込んでいく。

一方、中国では華北で百団大戦、華中で汪兆銘政権の成立と、それぞれの地域で大きな戦局の転換を迎えていた。

「対伯工作裏話」によると、一一月、趙承綬と白太沖は、白壁関で第一軍参謀長の田中隆吉少将（一二月、楠山少将と交代）と会見し、次の四つの項目について同意する。すなわち、（一）日本を盟主とする「アジア同盟」の結成、（二）日中の共同防共、（三）日中の外交路線の一致、（四）中国側独自の内政施行。加えて、趙は日本軍に山西軍三〇個団分の装備に必要な兵員、軍需品、軍費などを供給してほしいと提案。これを受け入れさせたのだ。これ以後、閻側は趙が全権代表となり交渉を進める。

　これに対し、日本軍は四一年六月、第一軍司令官に閻と旧知の岩松義雄《いわまつよしお》中将を着任させ、交渉を一気に加速させていく。兵務局長として参謀本部に戻っていた田中も、たびたび山西省を訪れ、交渉を背後で支援する。

　彼らのやりとりは、田中を通じて支那派遣軍の畑《はた》総司令官に伝えられた。『陸軍　畑俊六日誌』によると、畑は六月二六日の日記に「対閻錫山工作も愈々《いよいよ》彼が乗出し来るべく、日本にて無理さへ云はざれば九分通り成功すべしとの田中少将の報告なり」と綴《つづ》っている。

　はたして、田中らの期待どおり、工作は成功したのか。

実際にはお互いを信用していなかった

　四一年九月一一日、北支那方面軍代表の田辺《たなべ》盛武《もりたけ》同軍参謀長と第一軍代表の楠山参謀長ら一行は、太原の南西八〇キロメートル余りにある汾陽《ふんよう》に到着。会場で待っていた山西軍代表の趙承綬らと面会し、双方で日中両軍の基本協定と停戦協定にサインした。これらは調印地の名を取って、汾陽協定と総称される。

　『昭和の謀略』によると、汾陽協定の内容はおよそ次のとおりであった。特に重要な基本協定を取り上げる。

基本協定

方針

一、山西軍は日本軍と停戦協定を成立したのち、南京政府と合作す。

国内の政治、軍事は、南京における日中国交調整基本条約に基づき、将来中国側に一任するが、山西軍の管轄区域はまず山西省とし、漸次華北に及ぼす。

二、閻錫山はまず南京政府副主席及び軍事委員長に就任し（汪兆銘承認ずみ）、山西軍が将来華北の治安を担当すれば、華北政務委員長及び華北国防軍総司令に任ず。

要領

第一段　停戦協定成立後山西軍を孝義に推進し、閻は孝義県もしくは湿《ママ》県に移って日本軍と密に提携す。

日本軍は作戦上必要なる地域に集結し、山西省内各地方の治安維持に任ず。

山西軍の兵力は三十万とし、兵器は汪兆銘政権から補充を受け、また山西軍整理のためには日本から五千万円のクレジットを設定する。

第二段　閻は重慶国民政府に対し反共和平を勧告し、きかざれば単独行動をとることを中外に宣言す。軍隊の補充を完了したら、まず日本軍と提携して山西省内、ついで華北全体の共産軍を粛正す。

停戦協定に調印する日本軍代表楠山参謀長（右）と山西軍代表趙承綬（『北支の治安戦〈1〉』所収）。

方針のなかで、閻が南京政府副主席と軍事委員長に就くことを汪兆銘がすでに承認しているとある。これはどういうことか。『陸軍　畑俊六日誌』七月九日の記述によると、支那派遣軍総参謀長から朝鮮軍司令官に転任することが決まった板垣と、汪との間で次のようなやりとりがあったという。

この日、板垣が汪に告別の挨拶《あいさつ》に訪れた際、対伯工作の説明をした。これに対し、汪は閻が一時期に職をいくつも兼ねることは厳しいと難色を示す。しかし、「板垣はそれはそれとしてまあ呑むが可なるべし」と、汪の反論を抑えた。すると、汪は「それは閻の出馬は反蔣陣営に至大の効果あれば主席を譲るも可なり」と、態度を一転させたのだ。

このやりとりを聞いた畑は、「閻の従来のやり口より見て中々そう簡単に行かぬことを承知しての空手形なりと判断せらる」と、汪の豹変《ひょうへん》ぶりを冷静に分析する。そして、「兎に角、閻は中々決心せぬ男なれば、そう簡単には行かざるべし」と、対伯工作は難航するであろうと予測した。

「対伯工作に関する岩松資料」(『現代史資料13』所収。以下、「岩松資料」)によると、汾陽協定成立から約三週間後の一〇月四日、岩松は閻に書簡を送り、速やかに協定を履行するよう求めるとともに、ふたりで直接会談を開きたい旨を伝えた。これに対し、閻は九日、岩松に次のように返信する。


基本協定具体事項の協商に関しては、已に趙総司令(趙承綬―引用者注)を太原に派遣して貴方と協議す。小官必ず基本協定に依りて実践するものなり。将軍は身を挺し命を賭け十二分の誠意を以て此の事の折衝に当るは、小生に於いても然り。(「伯ヨリ岩松中将宛」、「岩松資料」所収)

だが、それから数日たっても、閻側に協定を実行する動きがみられない。二一日、蘇体仁が閻に伝えた岩松の談話によると、「日本の閻先生に求むる所のものは、先生の名望を以て全局を転換し、啻《ただ》に山西軍の再建のみならず、進んで華北を掌握し、全国を領導せらるることに在り」（「蘇体仁ヨリ伯宛」、「岩松資料」所収）と、日本側の希望を伝え、改めて会談開催を求めた。さらに、岩松は閻側に提供する武器、食料、軍費の用意はすでにできていると告げ、協定履行を促したのである。

なぜ閻は協定の実行をためらっていたのか。二二日、閻は蘇に宛てた電文のなかで次のように答えた。

予と日本との合作は独蘇の勝敗に累《わずら》はされず、既に反共たる以上蘇若し勝つも予は日本と合作す。吾等既に亜細亜（亜洲）主義たる以上米日の勝敗を慮とせず。（「伯ヨリ蘇体仁宛」、同右）

対伯工作が行われていた最中《さなか》の四一年六月二二日、ドイツ軍は、バルバロッサ作戦と称して、ソ連に進攻していた。彼は反共陣営の一員として、独ソ戦の勝敗に拘《かかわ》らず、思想をともにする日本と組み、また、アジアの一員としても、アメリカではなく、日本の側に立つとしたのだ。

けれども、再び彼は言う。

日本側が予をして全局を転換せしめんと欲せば、必ず予をして中国人心より離れざることを望まるべきなり。

若し全国将領にして予を討伐すべく通電し、予と隔絶するの状態となるに至りては、之が収拾を図らんとするも、勢不可能なり。

又重慶瓦解の後に於て、彼等は危険を知りつゝも蘇聯と合作することあるを恐るるものなり。(同右)

彼は、自らが敵国の日本側につくことで生じる中国側への悪影響を懸念していた。中国側から討伐されることになれば、混乱は必至で、彼の立場も危うい。これら懸念が解消されない限り、協定の履行に踏み出せなかったのである。

協定締結に携わった桂と趙も「抗戦期間閻錫山和日寇的勾結」のなかで、協定が実行されなかったのは、双方に誠意がなく、「閻は日本の武装を騙《だま》し取るとともに、彼らの進攻を遅らせようとし、日本は閻を騙して抗日陣営から離脱させようとしたのだ」と語った。日本軍と閻はどちらとも表向きは意気投合をしているようで、実際にはお互いを信用していなかったのだ。

ところで、日中戦争の展開を大きく変えるかもしれない対伯工作のやりとりを、蔣介石は知っていたのか。もし、わかっていなかったら、かりに工作が成功したとき、大きな作戦の変更を余儀なくされただろう。対伯工作をめぐる蔣の動きを見ていこう。

「後期日中戦争」が閻錫山の決意を一変させた

南京国民政府が成立した一九二七年以降の蔣介石の日々の事績を記録した『蔣中正総統檔案　事略稿本』（以下、『事略稿本』）にある記録によると、岩松が対伯工作に関わり始めた頃の四一年六月二六日、蔣は閻が反乱を起こす可能性があるとの情報を得る。これに対し、彼は「望みを捨てず、方法を見つけて挽回《ばんかい》し、閻に裏切られないようにしたい」（『事略稿本』第四六巻所収）と述べて、警戒の目を向けた。まだこのとき、対伯工作の存在までは認識していなかった。だが、一〇月二六日、汾陽協定の一報が蔣側にもたらされる。

一一月一一日、蔣は山西省の事態を収拾するため、西安に逃れていた賈景徳《かけいとく》に閻を説得するよう命じた。

賈は一八八〇年、山西省沁水《しんすい》県に生まれる。科挙合格後、黒龍江巡撫《こくりゅうこうじゅんぶ》（黒龍江省の長官）周樹模《しゅうじゅぼ》に仕えたが、中華民国成立後、閻錫山が山西都督府を設けると、その幕下に入った。

間もなく、閻の信任を得て、山西警務処長、正太鉄路局長、国民革命軍第三集団軍総司令部秘書長、同蒲鉄路会辦など重職を歴任。日中戦争が始まると、第二戦区司令長官秘書長として閻を支えた。

一三日、蔣は山西省へ向かう前の賈に次の四つの厳しいことばで閻に警告を発するよう指示する。

(甲)私は決して他人に責任をなすりつけない。閻はことさら私に隠れて事をしようとしている。これは私の人格を汚すもので、絶対に容認できない。(乙)閻がもし敵に通じて共産党を排除するなら、私は必ず閻の討伐を命じる。(丙)邪悪と正義は分別しなければならない。中華と化外がどうして並び立つというのか。(丁)もし閻が日本兵を使って共産党を打倒するなら、たとえどれだけの兵力で共産党を消滅させようとしても、その謀略は失敗に終わるどころか、かえって共産党の災いを広めるだけである。その結果は、張邦昌《ちょうほうしょう》や呉三桂《ごさんけい》の失敗と比べても絶対に速く、閻は必ず永久の罪人となろう。

(『事略稿本』第四七巻所収)

張邦昌は、一二世紀初めの北宋の政治家で、異民族の金《きん》が北方から攻め込んだ際、和平を唱えて、彼らとの宥和《ゆうわ》を図ろうとする。しかし、それは失敗し、逆に金によって建てられた傀儡政権の皇帝に擁立され批判を浴びた。呉三桂は明《みん》末の将軍で、一六四四年の李自成《りじせい》の乱で清朝軍に寝がえり、清の中国平定を助ける。だが、その後清朝側と対立し、三藩《さんぱん》の乱で倒された。

蔣介石は、異民族を受け入れたことで不名誉な結末を迎えた歴史上の人物を引き合いに出し、閻に日本と手を組むことの愚をわからせようとしたのだ。

一四日、賈は予定どおり山西省に入り、司令部の置かれた克難坡《こくなんぱ》（現吉県《きつけん》）で閻に警告を伝えた。翌一五日、閻側に動きはない。これを知った蔣介石は、閻の今回の事態は「なおも挽回の望みがある」（同右）と語り、閻の取り込みに期待をつないだ。

一二月八日、太平洋戦争が始まって「後期日中戦争」期に突入すると、事態はさらに変化する。一二日、国民党山西省党部書記長の黄樹芬《こうじゅふん》は、蔣介石に宛てた電文で次のように報告した。

日米戦争が始まってから、閻長官はそれが予想外なことであるとし、以前からの計画が誤っていたことを認めた。（同右）

「以前からの計画」とは、日本軍と停戦し手を組むことである。「抗戦期間閻錫山和日寇的勾結」にも次のようにある。

閻は日本を丸め込もうと考えた。しかし、真珠湾攻撃の情報を得ると、彼は日本が英米への罪を認めなければ、戦争は必ず失敗すると認識した。

閻は予想外に始まった太平洋戦争がこのまま進めば、日本が敗北するだろうと予想した。そうなった場合、協定どおり日本軍と提携したら、敗者側に立つのは必至だ。よって、彼はこれまでの態度を一変させ、日本と手を切る決断をしたのである。

だが、すぐに日本と関係を絶つと、戦いが再燃しかねない。閻はいかにして対伯工作の幕引きを図ったか。

日本軍は閻錫山との会見にこだわった

再び「岩松資料」を手がかりにして、「後期日中戦争」期の対伯工作をたどっていこう。

太平洋戦争開戦から三日後の一二月一一日、岩松は閻に信書を送る。岩松は日本が英米と開戦したことを伝えるとともに、「決然反共興亜和平の大旆《たいはい》を高揚し、英米の傀儡たる重慶政権に対し、断然独立を宣言せらるべき好機は脚下《きゃっか》に迫り居り候《そうろう》」(「岩松将軍ヨリ伯宛」、「岩松資料」所収)と述べて、閻に汾陽協定の履行を促したのである。

これに対し、閻は一三日に岩松に宛てた返電で、日本との協力は必ず守るも、「第一段尚ほ未完成の時に遽《にわか》に宣言に発表するは本身及環境上均しく許さざる所あり」(「伯ヨリ岩松将軍宛返電」、同右)と綴り、協定の早期実行に難色を示した。なお、彼によると本身とは、部下のなかで日本軍との提携に対する不満が高まっていることで、環境上とは、日本軍の友軍になることで、国民革命軍に攻撃され敗北するおそれがあることだという。

岩松と同じく支那通として知られた北支那方面軍参謀の茂川秀和《しげかわひでかず》中佐は、一九日、趙承綬に送った電文のなかで、「殊に米英を東亜共同の敵として敢然起ちたる現下、例へば多数の銃器並に尠からざる金額を太原に徒らに死存して何時来るや不明なる長官閣下の決心を待つが如きは、到底許されざる国内情勢に迫られあり」(「茂川委員ヨリ趙承綬宛発電」、同右)と述べて、いまだ明確な意思を示さない閻にいら立ちを表した。

また、楠山に代わって着任した第一軍の花谷参謀長も二五日、閻に電文を発し、「貴軍に内部事情あるに於ては快明率直に示され度、当方は孝義会見の一日も速かならんことを熱望しあるものなり」(「花谷参謀長ヨリ伯宛」、同右)と語り、日本側と会見するよう改めて求めたのである。

この彼らの閻側に対する立て続けの要求、ならびにいら立ちからは、太平洋戦争が開戦し、戦線が一気に拡大するなか、一刻も早く山西省の戦線を終息させたいとする強い焦りが見え隠れしていた。

花谷の電文から三週間あまりたった四二年一月一九日、山西省南西の新関渡口《しんかんとこう》で食料を運んで川を渡ろうとしていた山西軍を日本軍が襲い、食料三二六袋が強奪される。この情報を受けた閻は、「此の如きは完全に協定に違背し、且つ我軍を餓死せしむるものなり」(「伯ヨリ在太原伯側委員ヲ通シ提出セル電文訳」、同右)と、憤りを露《あら》わにした。

さらに、二月二四日、第一軍の友近美晴《ともちかよしはる》参謀は閻に対し、国民革命軍中央軍が日本軍と山西軍を離間させる工作を行っており、今後、中央軍が山西省に入る際は速やかに日本軍に通報してほしいと求める。そして、「若し通報無之《これなき》時は、協定に対する貴軍の誠意なきものと認めざるを得ず。従て貴軍よりの通報なく、而も我軍に於て偵知《ていち》し得たる場合は、協定線に拘らず無通告にて入晋の中央軍に向ひ進攻することあるべきを以て予め承知相成度《あいなりたく》、之戦に於ては機を逸するを不利とすればなり」(「友近委員ヨリ伯側へ」、同右)と、要求を受け入れなければ、軍事行動を起こす用意があると告げたのである。なお、この軍事行動を、日本軍は対晋作戦、またはB号作戦と称した。

このように日本軍は閻側に軍事的圧力をかけたうえで、三月一日、蘇体仁に次のような意向を伝え、閻に最終決断を迫ったのだ。

1、兵器は本年中少くも六万挺以上を交付し得
2、軍費は会見時聯銀《れんぎん》（華北政務委員会が運営する中国聯合準備銀行―引用者注）一、二〇〇万元（法幣〔国民政府の通貨〕四、五〇〇万元）及軍費毎月八〇〇万元（法幣三、〇〇〇万元）の外に別に軍馬兵器、補充費及山西軍整理費の一部として法幣四、〇〇〇万元を交付す
3、会見と同時に長官に山西省の軍事及政治の一切の権限を与へ、日本軍は主として山西省外の敵に当り、且つ協同して山西省の治安に任ず
（引用者中略）

以上の諸条件は、日本軍最後の条件にして、且交渉は最後の段階に到達し、些《いささ》かも観望的態度を採るを許さず。若し尚時日を遷延し、孝義の会見実施せられず、提携の誠意を認めざれば、基本及停戦協定を破棄し、別個の行動に出るなきを保せず。（「蘇省長へ伝ヘタル日本側ノ意嚮」、同右）

これに対する閻の反応次第で、止まっていた山西省での日本軍との戦いが再び始まるおそ

れがあった。

双方の話し合いのなかで懸案となっていたのが、閻と岩松による孝義での会見の実現だ。日本軍はこれにこだわり、閻は拒み続けた。なぜ日本軍は会見を望んだのか。

「抗戦期間閻錫山和日寇的勾結」によると、趙承綬が太原で日本軍と交渉にあたっていた際、日本人から「閻錫山は中国軍閥を騙した。まさか日本も騙すのではないだろうな。君は閻錫山の代表にはならないから、我々は話し合わない。閻錫山と話をさせろ」と非難されたという。

日本軍は閻を少しも信用していなかった。よって、協定を実行させるには、直接閻と会見し、自らの目と耳でその誠意を確認し、そのうえで交渉を始めなければ安心できなかったのだ。

一方、閻はなぜ日本軍の会見要求に妥協しなかったのか。

趙らと同じく、日本軍との交渉にあたっていた梁延武《りょうえんぶ》（閻錫山の妹婿）ら閻の側近は、岩松との会見について、四月四日付の電文で次のように述べて批判した。

会見の一節は、吾等本日再三討論せり。会見の後即ち公開となり、吾等をして国人に対し、転圜《てんえん》の余地無く、一切の自主を失はんことを恐る。吾等を友軍と認めば尚可なるも、若し吾等を友軍と認めざれば何等の弁法なし。是即ち自潰瓦解《じかいがかい》なり。請ふ之に対し共同討論双方安心の弁法を商議し、合作の前途に向ひ前進せられたし。（「王靖國《おうせいこく》、呉紹《ごしょう》之《し》、梁延武、賈錫九《かしやくきゅう》ヨリ蘇、梁、趙宛電」、「岩松資料」所収）

かりに会見をしてそれが公開された場合、中国側から反発を受け、閻は立場を失うだろう。さらに、日本軍が山西軍を見捨てたとしたら、閻は助かる術《すべ》を失い、自滅するほかない。梁らは、日本軍が信用できない限り、会見を行うべきでないと訴えたのである。

閻も四月一五日に花谷に宛てた電文のなかで、次のように語って会見をする考えのないことを伝えた。

会見は協定内に在らず。亦目前の困難を解決するに必要なるにも非ず。反って我をして自潰的一因素を為す。（「伯ヨリ参謀長宛電」、「岩松資料」所収）

しかし、これ以上会見の実施を先延ばしにすれば、日本軍は今度こそ戦いを再開させるだろう。そうなったら山西軍はいよいよ危ない。二六日、閻は蘇体仁を通して、岩松に直接会見に応じる旨を伝える。二九日に決定した「基本協定実施諒解《りようかい》事項」によると、会見は五月五日、克難坡近郊の安平村《あんぺい》で行う。会見に際しては、日本軍から閻側に法幣と聯銀券が渡され、会見が成立すれば、すみやかに閻は蔣介石と袂《たもと》を分かつこととなった。

安平会議の結果ははじめから決まっていた

安平村で開かれた会見、いわゆる安平会議は、どのように進められ、その結果はどうなったのか。会見の様子は、四一年一二月より第一軍情報主任参謀を務めた笹井《ささい》貫一《かんいち》中佐が後にまとめた「昭和一六・一二・一五—二〇・四・二五　対伯工作の思出」(防衛研究所戦史研究センター所蔵)に概述されている。

これによると、五月五日、北支那方面軍参謀長の安達《あだち》二十三《はたぞう》中将と岩松・花谷・笹井ら日本軍一行は、法幣を載せた駄馬十数頭とともに会場に現れた。そこにはすでに閻をはじめ山西軍の要人が出迎えており、「軍参謀長はその前夜、既に伯(閻錫山—引用者注)と電話を通じ交歓しており、会見場の空気は最粛の裡にも和気藹々《わきあいあい》たるものであった」。

さらに、「会見は準備された洞窟家屋内で行はれた。先づ相互に合作理念に就て語られたが、既に今迄幾多か親書の交換に於て言ひつくされており、もとより完全に一致を見た。次で逐次議事内容に入ったが、順風に進み交渉妥結の機運が感じられた」という。笹井の記録からは、安平会議が緊張のなかでも順調に進んだことがうかがえる。

安平会議で握手を交わす岩松軍司令官（右）と閻錫山（『北支の治安戦〈2〉』所収）。

一方、「抗戦期間閻錫山和日寇的勾結」によると、会議を前にして、次のようなハプニングが起きたという。

　会議前、閻は日本側がカメラと撮影機材を持っていることを耳にし、仲介人（蘇体仁や梁上椿ら―引用者注）を通し、日本側に会議中は撮影しないよう通告した。しかし、日本側はそれに応じず、あろうことか、写真だけでなく映画撮影もしたのだ。閻は激怒した。

また、会議中、閻はこのようなことばで日本側を非難した。

　私たちの中日合作は、ただ日本を盟主

と認めるだけで、中国の一切は自主であらねばならない。共栄は日本だけ栄えるのではない。共存は日本だけ生存するのではない。日本側のやり方を認めたのなら、私は中国人に弁解のしようがなく、従って彼らに協力を呼びかけることもできない。もし、有名無実の政府がほしいのなら、現在南京には汪兆銘がいるし、北京には王揖唐《おうゆうとう》（華北政務委員会委員長―引用者注）がいる。それなのに、なぜ私を必要とするのか。

これに対し、花谷は横柄な態度で諭すようにこう反論した。

真珠湾攻撃の一戦で、あのイギリスとアメリカでさえ、ともに日本に打ちのめされたのだ。ましてや蔣介石はどうか。日本は必ず勝利を手にする。君がもし我々に協力（すなわち降伏）を求めるなら、今回が千載一遇《せんざいいちぐう》のときだ。少しも迷ってはならない。君はよく考えたまえ。

中国側の視点から見ると、会議はきわめて険悪な雰囲気のなか進んだことがわかる。実際にはどうであったかは、これらの証言だけでははっきりしない。けれども、きわめて緊迫した状態で会議が行われたことは明らかだ。

会議は途中いちじ休憩をとり、再開される。しかし、笹井によると、「急に伯の態度が変り、落ち付きなく議事を中止して引上げてしまった」。これはなぜか。笹井はこう解釈する。

茂川中佐が交渉妥結近しとみて小声にて〝法幣前へ〟と指示した。それは、駄馬に積んで進んでゐた法幣は会見地の後方遠くに待機させてゐたのを会見地に招致する為に指示した言葉であった。それを伯側が日本語を解するだけに〝砲兵前へ〟と聞きかぢったものと解された。（「対伯工作の思出」）

すなわち、閻側が法幣を砲兵と聞き間違え、攻撃されると勘違いし、会見を中止したというのだ。

だが、すでに明らかなとおり、閻はすでに太平洋戦争開戦の段階で日本側との関係に見切りをつけていた。そして、山西省での戦闘再開をできるだけ遅らせるため、日本軍の歓心を買っていただけなのである。そのことがまったくわからなかった笹井ら日本側は、ことばの聞き間違いという頓珍漢《とんちんかん》な理由しか思いつかなかったのだ。

「抗戦期間閻錫山和日寇的勾結」は言う。「日本は閻を利用できなかったばかりか、逆に閻に利用されたのだ。日本鬼子《リーベングイズ》（日本を侮蔑《ぶべつ》することば—引用者注）はまさに『鬼』だが、閻は彼らよりもさらに『鬼』だった」。

大惨敗に終わった田家会の戦い

対伯工作が行われている間、日本軍は山西省におけるもう一方の敵の八路軍とはいかなる戦いを繰り広げていたか。

山西省内に領域を広げていた辺区は、晋察冀《しんさつき》・晋冀魯豫《しんきろよ》・晋綏の三つ。ここでは、晋綏辺区に着目する。

晋綏辺区は、一九三七年末、賀竜《がりゅう》を師長とする八路軍第一二〇師によって、山西省西部から綏遠《すいえん》省南部にかけて建設された晋西北抗日根拠地と、三八年九月、綏遠省武川《ぶせん》以西に作られた大青山《だいせいざん》抗日遊撃根拠地を基礎に、四〇年初め成立。人口は約一五〇万人。区内には全域を制圧した県が二三ヶ所、一部のみ支配下においた県が三四ヶ所あった。

辺区を統括する晋西北軍政委員会書記には賀竜が就く。彼は一八九六年、湖南《こなん》省生まれ。はじめ国民革命軍で師長などを務めていたが、一九二七年、一転して中共に入党。紅軍の軍長として中共初期の勢力拡大に貢献する。

四〇年一一月七日、晋綏辺区は中共中央軍委の命を受けて、区内に第二・第三・第四・第五・第八の五つの軍分区からなる晋西北軍区（司令員賀竜。四二年九月に晋綏軍区へ改編）を設立し、百団大戦後の日本軍の反撃に備えた。

一方、日本軍は「昭和十五年度第二期粛正建設計画」に基づき、同年秋、約二万人の兵力を動員して、晋綏辺区を取り囲んだ。そして、一二月中旬から翌四一年一月下旬までのおよそ四〇日間にかけて、同辺区に対する徹底的な粛正作戦を実施したのである。

参謀本部編「主要作戦ノ梗概《こうがい》」(『北支の治安戦〈1〉』所収)には次のようにある。

第一軍は、太原西北方興県《こうけん》南方地区に蟠踞《ばんきよ》して蠢動《しゆんどう》の徴ある共産軍第一二〇師主力を機先を制して撃滅し、其根拠地を覆滅せんとし、独立混成第九、第十六旅団主力に他兵団より所要の兵力を抽出配属して作戦を実施せしむ。両旅団は方山《ほうざん》県、臨県《りんけん》附近に向ひ、夫々東村《とうそん》鎮、交城《こうじよう》及汾陽、上楼橋《じようろうきよう》、離石《りせき》付近より攻撃を開始して随所に敵を撃破し、次で敵根拠地に駐留して掃蕩、燼滅戦を敢行し、其の根拠地を徹底的に覆滅せり。此の間、独立混成第三旅団は、第三次岢嵐《からん》周辺地区掃蕩作戦を実施して本作戦に策応せり。

『八路軍第一二〇師暨晋綏軍区戦史』(以下、『晋綏軍区戦史』)によると、この戦いで日本軍は辺区の住民に対し、略奪や殺害の限りを尽くしたという。たとえば、「臨県五区孩子頭《がいしとう》村の一二歳の少女には、強姦したうえ、鍋で煮て殺した。該県《がいけん》三区の女性たちも強姦したあと、腹を裂いた。日本軍は興県で最初に捕えた老若男女二〇〇人あまりを建物内に押し込めて焼き殺した」。

なお、日本軍の記録には、この虐殺についての記述は見あたらない。中国側の統計では、この戦いで一二〇師の主力と遊撃隊は、合計で二一七回の作戦を実行し、日本兵約二万五〇〇〇人を撃破したとしている。この数字は前述の日本軍の動員兵力と釣り合わないため、やや誇張があろう。

この粛正作戦以外にも、第一軍は治安強化運動を推し進めて、晋綏辺区を政治・経済的に追いつめる。たとえば、第四軍分区では、集落を襲って住民を恐怖に陥れたうえで、捕らえた住民を脅迫して無理やり傀儡の治安維持会に協力させた。それを拒んだ場合は、命を奪った。この方法で、同軍分区内にあった村のうち、三分の二が華北政権の手に落ちたのである。また、ほかの抗日根拠地と同様、治安強化運動によって、晋綏辺区は食料不足に陥った。これに対応するため、晋綏辺区でも大生産運動が実施され、各軍分区に生産委員会が発足し、専業生産隊によって荒れ地の開墾や作物の作付け、家畜の飼育が重点的に行われ、最低限の食料を確保した。

第一軍の晋綏辺区に対する粛正作戦は、四二年に入っても行われた。第一二〇師は、抵抗を続けるなかで、第一軍に反撃を試みる。

田家会で日本軍と戦う晋綏辺区の兵（『中国抗日戦争画史新編』所収）。

五月一七日、粛正作戦を行っていた第六九師団第五九旅団第八五大隊約六〇〇人が、興県から南進したところ、第一二〇師第七一六団の二個営と興県遊撃隊らの襲撃にあう。その後も、彼らは同団の追撃を受け、一九日夜、興県南東方の田家《でんか》会《かい》で挟撃され、五〇〇人が戦死する敗北を喫した。第七一六団は、遊撃隊や民兵を使って大隊の進路を妨害し、彼らの体力を消耗させたうえで、兵力を集中して一気に撃退したのである。

一方、第八五大隊第四中隊に所属していた宇治野《うじの》徳一《とくいち》は、「私の回顧録」（『大東亜戦争　従軍回顧録』所収）のなかで、田家会の戦いについて、「此の戦闘は日本軍の大惨敗でした」と述べる。さらに、「我々は暗闇の中戦闘を続け乍《なが》ら、苦心して撤退したのでした。大隊で出した損害も多く、私の中隊でも角《すみ》曹長を初め《ママ》数人の戦死者を出した事が、今も生々しく脳裏をかすめる」と、厳しい戦いの模様を振り返った。第一軍にとって、第一二〇師は決して侮れない相手であったのだ。

日本軍は閻錫山に助けを求めた

再び対伯工作に話を戻そう。笹井によると、安平会議が不調に終わると、花谷は「伯は口先ばかりで、ずるく、欲深い、支那人からさえのけものにされる程の人だ」と、捨てゼリフをはいた。閻錫山にまんまと裏切られた日本軍は、その後いかなる行動をとったのか。

「岩松資料」によると、五月八日、花谷は安達に「乙集伯第八〇号」を送り、これまでの対伯工作に関する第一軍としての意見を伝えた。花谷は安平会議の教訓として次のように述べる。

伯との交渉は、武力圧迫経済封鎖等を加へつつ強行するに非ざれば、其の目的を達成し難く、唯平和的手段のみにより交渉を行はば、彼の緩兵の計に乗せらるること、従来の経緯に見て明なり。

すなわち、第一軍は、対伯工作自体は諦《あきら》めておらず、今後、山西軍に武力や経済で圧力を加えれば提携は不可能でないとみていた。そして、基本協定は破棄する必要があるが、「又仮令之《たとえ》を破棄するも、伯は我と絶縁し、重慶側に趨《はし》る憂《うれい》なく、寧《むし》ろ我に縋《すが》り来るべき境遇にあり」と、閻はいずれ日本に助けを求めてくるだろうと考えていたのである。さらに、「伯側の申出あらば、機を見て新たに実行可能なる合作協定を結ぶ」とした。日本は安平会議で閻にあれほど袖《そで》にされたにも拘《かかわ》らず、なおも閻の取り込みに期待をかけたのだ。

北支那方面軍は、この花谷の意見を受けて、「爾後の対伯工作要領」案を作成し、経済封鎖と軍事力によって山西軍に圧力を加え、それにより、もし閻に申し出があれば、実現できる合作協定を結ぶこととした。

一一日、岩松と花谷は閻に電文を送る。「今次の会見に於て貴方合作の心あるも、自らの力量を提て協力するの実なく、物質を貪るの欲大にして我方の負担之に耐ゆる能はず。茲に晋綏軍の三省を勧告し、我は自由行動に出でんとす。今後の結果は天自ら能く之を定めん」と、あくまで日本軍の軍事行動は、閻に反省を促すためであると、わざわざ伝えたのであった。

第一軍は、閻が立てこもっていた山西省南西部に進攻。稷山《しょくざん》で山西軍第三四軍を撃滅した。同時に山西省西部一帯を経済封鎖し、閻を経済的にも追いつめていく。しかし、その圧迫も不充分に終わった。なぜか。

まだ第一軍が対伯工作を進めていた四二年三月二七日、参謀本部は太平洋戦争が有利に進んでいるこの機会を生かして、日中戦争を解決することを目指す「対重慶戦争指導要綱」を作成した。このなかで、重慶への攻撃は、独ソ戦の推移を見ながら、同年夏か秋をめどに推し進めるとした。そして、五月一六日、田辺盛武参謀次長（四一年一一月北支那方面軍参謀長より転任）は支那派遣軍に対し、九月頃に西安進攻作戦、四三年四月に四川《しせん》進攻作戦を実行する腹案を伝える。重慶に向けてふたつの方向から兵を進めることにより、蔣介石を屈服させる考えだ。このふたつの作戦は、その後一連の計画としてまとめられ、五号作戦と呼ばれることになる。

第一軍は、西安作戦の実行を想定し、山西軍に振り向けていた軍事力を西安にも向けた。これは、自然と閻への圧迫を弱めることになる。

だが、五号作戦計画は順調には進まない。六月五日、ミッドウェー海戦で日本海軍は、空母四隻と多くの熟練パイロットを失う大敗北を喫す。続く八月七日には、ソロモン諸島のガダルカナル島にアメリカ軍が上陸し反攻を開始したのだ。

『大本営機密日誌』によると、八月一五日、日本軍が太平洋戦争で劣勢に立たされるなか、陸軍省は参謀本部から重慶攻撃の実施について問われると、「この作戦は物的見地からほとんど不可能に等しい」と回答した。加えて、一一月四日、参謀本部は支那派遣軍に五号作戦の中止を伝えたのである。

南部太行山脈地区中国軍配置図（1943年4月）

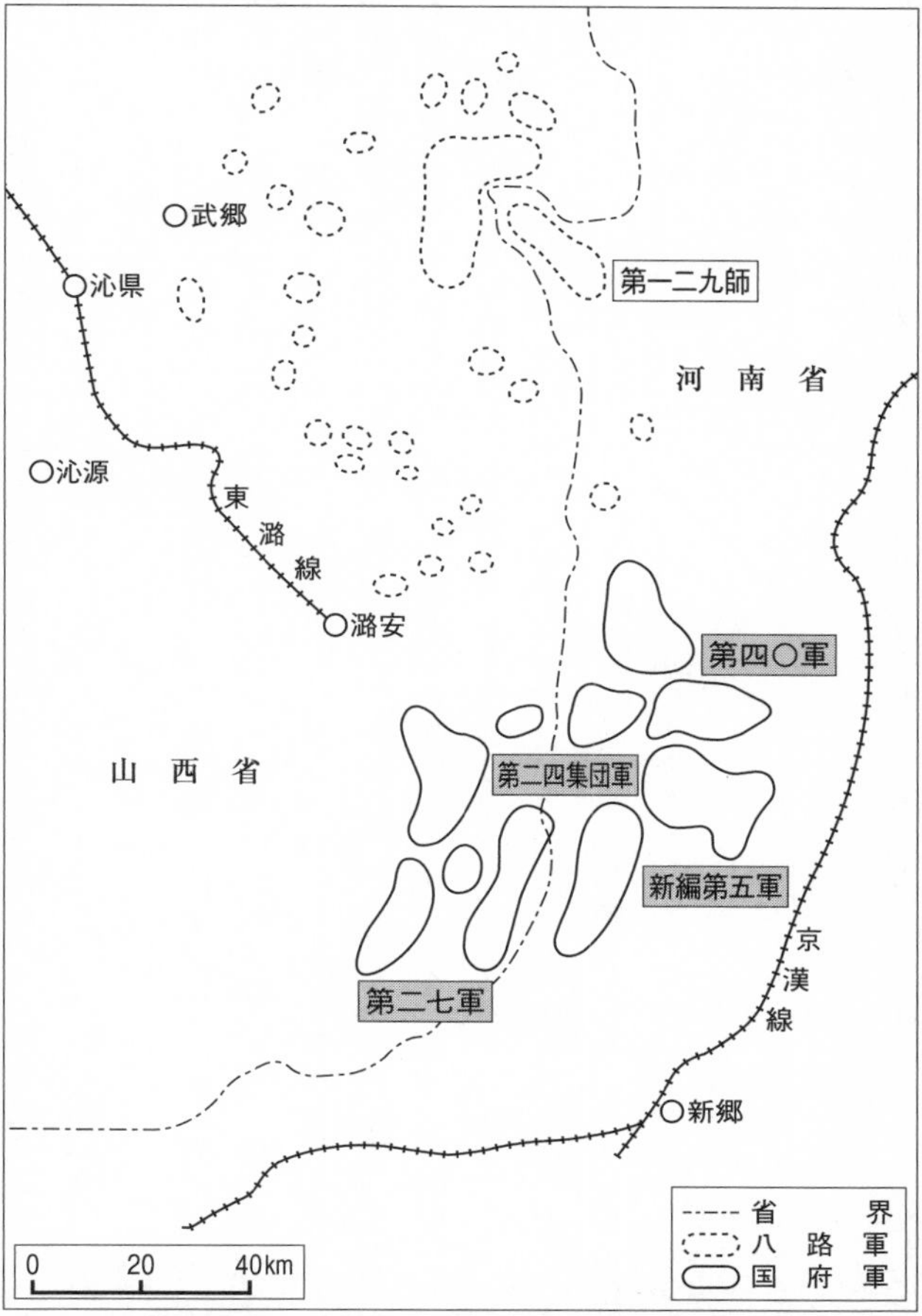

「南部太行山脈地区敵情要図（昭和十八年四月初）」『北支の治安戦〈2〉』朝雲新聞社、1968年、359頁をもとに作成

『春訪れし大黄河』によると、この頃八路軍は、第一軍に対し、「日本軍は、もしも五号作戦が中止されたら、それを期に、華北から撤退するらしい」という宣伝を始めた。これは第一軍の士気低下の虚をつく狙いがあったという。

すなわち、五号作戦をめぐる陸軍内の混乱が、第一軍の前線の士気低下を招き、ひいては、閻への圧迫が緩む要因のひとつとなったのだ。

さらに、参謀本部が南方の防衛を固めるために、山西省から第三六師団を抽出するという情報が流れると、北支那方面軍は同師団が転用される前に、八路軍を優先して攻撃すべきであるという方針をとる。そして、四三年春から晋察冀辺区に対する太行作戦を開始した。これにより、山西軍を追いつめることはますます困難となったのである。

このような山西省における軍事情勢の変化は、日本軍と閻側との関係にも影響をもたらす。四三年に入ると、日本軍は山西軍に対する経済封鎖を徐々に緩め、ついに閻への物資援助にまで至る。四四年一月には、山西軍の対八路軍戦と食料調達の便宜を図るため、彼らが撤退していた臨汾《りんふん》東方の浮山《ふざん》と安沢《あんたく》への進出を許した。さらには、閻の腹心のひとりの朱綬光《しゅじゅこう》が太原に駐在することも認める。閻と日本軍との連絡ルートを確保するためだ。この閻の行為は、蔣介石も承知していた。

日本軍は安平会議以来、閻との関係が改善されたと判断し、第三次対伯工作の実施を決断する。だが、閻の取り込みに失敗した日本軍が考えた計画では、山西軍を圧迫することで追いつめ、合作の求めを引き出すのではなかったか。実際には、閻から助けの申し出を受けるどころか、逆に戦争を終えられない日本軍が閻に救いを求めたのだった。

何もかもが遅すぎた

第三次対伯工作はいかに進められたか、「堤寛資料」をもとに探る。同工作は、四四年九月より北支那方面軍の堤寛参謀が担当した。「堤寛資料」によると、彼は閻錫山を日本側陣営に取り込むというこれまでの方針を改めようとする。すなわち、「閻錫山の智《ママ》的且亜洲大同団結思想を諒とし、先づ政治的剿共合作、次いで武力的剿共合作を行ひ、伯軍との摩擦をさけ、第一軍の兵力の大部を主決戦方面に転用を容易ならしめむとす」と。すでにこれまでのように第一軍の主力を山西軍に向ける余裕はまったくなく、八路軍という共通の敵を前に閻と対等な協力関係を築く以外に方法がなかったのだ。この堤の考えは、北支那方面軍司令部の同意をなかなか得られず、ようやく四五年二月になって、大本営から二四〇〇万円の費用が供与されて始まる。

堤は、これまでと同じく、日本軍から山西軍に物資を援助し、日本軍占領地に山西軍の進駐を認めるなど、閻側への歩み寄りを示す。これを受けて、閻は六月、蘇体仁ら側近七人を政治部員に任じ、日本軍との交渉役にあたらせた。七月に入ると、蘇を中心に日本側との政治合作の可能性が模索される。

そして、八月一日、堤は汾陽から徒歩と自動車で二時間以上かけて単身閻側の拠点に入り、翌日、閻との面会に成功。閻は合作に向けて日本軍代表と会見を開くことを約束したのだ。

安平会議をめぐる一連のやり取りと比べると、閻はきわめて早く日本軍との交渉に応じたことになる。なぜか。

堤と閻が会う三ヶ月前の五月七日、ドイツが連合国に無条件降伏し、第二次世界大戦のヨーロッパ戦線が終わる。太平洋戦線では、六月、沖縄での日本軍の組織的抵抗が終わり、米軍がいよいよ日本本土手前まで近づいた。

日本の敗戦が目前に迫るなか、閻が危惧《きぐ》したことは何か。それは、戦後に日本軍が山西省から撤退したとき、機先を制して八路軍に太原を奪い取られることだった。彼にとって太原を取り戻すことは、山西省の最重要拠点を押さえられるだけでなく、八年間の日中戦争を耐え抜き、「山西王」として復帰することを世間にアピールするためでもあったのだ。

これを実現するには、できるだけ早く日本軍との戦いを終える必要があった。閻も日本軍と同様、第三次対伯工作に救いを求めていたのだ。

堤との約束どおり、閻は八月五日、孝義で北支那方面軍参謀長の高橋坦中将と第一軍参謀長の山岡道武《やまおかみちたけ》少将を招いて会見を開いた。このとき、何が話されたかは不明だが、「堤寛資料」によると、会見後、「愈々政治合作の実現に運行せり」とあることから、日本軍が構想した第三次対伯工作の第一段階である政治合作について協議をしたと考えられる。

しかし、その堤らの努力も空しく、第三次対伯工作も成立には至らなかった。なぜなら、八日、ソ連が日ソ中立条約を破って日本に宣戦布告し、隣接する満洲・樺太《からふと》・千島《ちしま》列島に侵攻を始めたからだ。対伯工作の報告に訪れた北支那方面軍司令部のある北京で、ソ連参戦の知らせを受けた堤は、対伯工作が「身を結《ママ》ぶを見ずに至りたるは、かへすがへすも残念なり」と、悔しさを露わにする。

第三次対伯工作は、さきの二回と比べて、いちばん実現が近いとみられた。だが、闇への対応にさまざまな失敗を繰り返してきた日本軍に残された時間はまったくなかったのである。

第五章　終わらない「後期日中戦争」

華北抗日根拠地概況

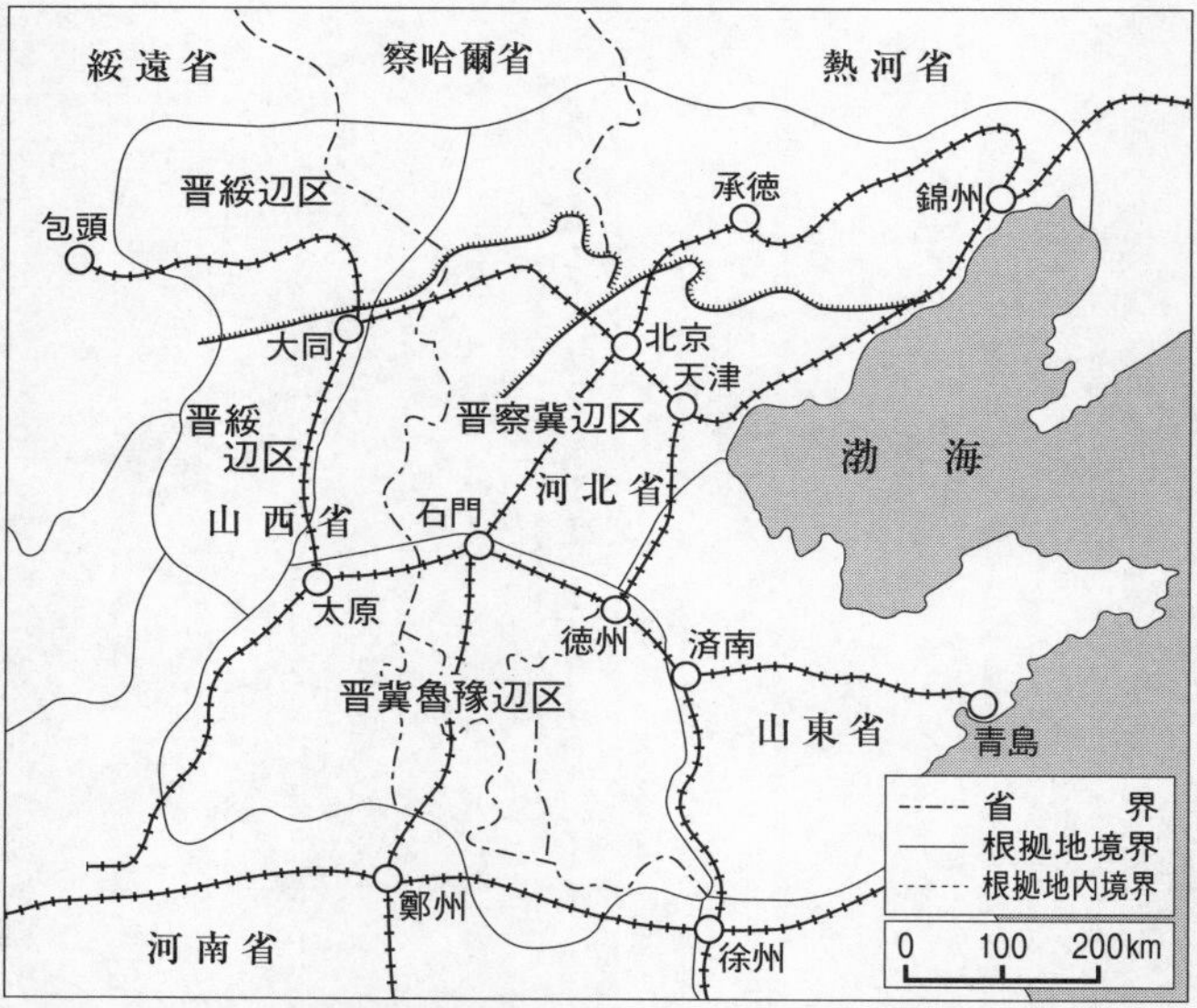

「解放区状況一般図」『北支の治安戦〈1〉』朝雲新聞社、1968年、84頁をもとに作成

抗日戦争は世界大戦の一角である

日中戦争の開戦から間もなく丸六年を迎えようとしていた一九四三年七月二日、毛沢東は中共中央の名で「抗戦六周年紀念宣言」（『毛沢東文集　第三集』所収）を発表する。このなかで彼は、アジア太平洋戦争の情勢について、次のように評した。

残虐なファシスト各国が侵略戦争を起こして以来、我々中国と全世界はすべてのファシスト侵略国家と長く苦しい戦いを経験してきた。しかし、これまで劣勢に立たされた不利な状況は、いますでに根本から改まっている。これは国際情勢のなかで決定的な意味のある変化があったからだ。この変化とは、ソ連の二度にわたる冬季攻勢の勝利、英米の北アフリカでの勝利、中国の六年にわたる抗戦と英米が過去一年間に太平洋上で日本軍に打撃を与えたことでできあがった。そのなかでも特にソ連のスターリングラードでの勝利は、戦争全体の形勢変化の主要な働きとなった。この偉大な勝利は、過去一年間で反ファシスト国家に最大の利益を与え、ファシスト国家に最大の不利益を与えた世界的な戦局であった。

「ソ連の二度にわたる冬季攻勢の勝利」とは、独ソ戦でのモスクワの戦いとスターリングラードの戦いの勝利のことを指す。四一年六月二二日、ドイツはソ連との不可侵条約を一方的に破ってソ連に侵攻。作戦名には、一二世紀にローマ教皇と覇権を争った神聖ローマ皇帝フリードリヒ一世にあやかり、そのあだ名であるバルバロッサ（赤ひげ王）を冠する。

これに対し、ソ連はロシア時代の一九世紀初め、モスクワに攻め込もうとしたフランス帝国のナポレオン一世を撃退した祖国戦争にちなみ、これを大祖国戦争と呼んだ。

ドイツ軍は兵力約三〇〇万人と多くの大砲、戦車、飛行機を動員し、三方向に分かれてソ連西部方面に進んだ。首都モスクワを含むこの地域は、広大な穀倉地帯が広がっていただけでなく、原油や石炭などのエネルギー資源や、鉄鉱石をはじめとする鉱物資源にも恵まれる。ドイツはここを占領し、そこに住むロシア人やウクライナ人を絶滅あるいは追放、または奴隷と同じくし、そこにドイツ人などをヨーロッパから移住させて資源を我が物にするとともに、ドイツの東方生存圏の拡大を狙ったのだ。

モスクワへの攻撃（ドイツ側作戦名はタイフーン作戦）は一〇月二日から始まる。ドイツ軍はこの戦いに歩兵約一〇〇万人、戦車一〇〇〇両、大砲三〇〇〇門で臨み、南北と西から町を取り囲んだ。不意を突かれたソ連軍は劣勢に立ち、パルチザンによるゲリラ戦でしのいだ。

そのような戦いが一ヶ月ほど続くと、モスクワ周辺に本格的な冬が訪れる。零下四〇度以下にもなるこの寒さに、冬用装備が不充分だったドイツ将兵の多くは動きを止め、戦車や大砲は凍りついた。補給線もすでに伸びきっている。

一二月六日、ドイツ軍はソ連軍の反撃に耐えられず敗走する。かつてロシアがナポレオン一世を敗走させた原因も、「冬将軍」と呼ばれた冬の厳しい寒さにフランス兵が耐えられなかったためだ。ソ連はまたも「冬将軍」に救われたのである。

モスクワの戦いに敗北後、ドイツ軍はすぐさま態勢を立て直し、四二年春、ソ連侵攻を再開。八月二三日、ソ連西部を流れるヨーロッパ最長の河川ヴォルガ川の西岸にあるスターリングラード（現ヴォルゴグラード）を攻撃した。都市名の由来は、もちろん当時のソ連指導者ヨシフ・スターリンの名だ。この先のコーカサス地方には油田地帯があり、そこを攻略するにあたり、反撃の拠点となるこの町を落とす必要があった。

このおよそ一年前の四一年八月一四日、英米両国は大西洋《たいせいよう》憲章を発表し、領土不拡大や民族自決など、大戦後の世界が目指す目標を定める。そして、九月、ソ連がこれに参加すると、アメリカはソ連に兵器や軍需品を援助することを約束。スターリングラードの戦いのとき、それらによりソ連軍は充分に武装されていたのである。

九月頃より始まったスターリングラード市街での独ソ両軍の戦いは熾烈《しれつ》を極めた。抵抗を続けたソ連軍は、一一月より大反攻を開始。包囲されたパウルス将軍率いるドイツ第六軍は、ヒトラーの非情な死守命令を受けて、翌四三年一月まで戦い続け、敗れた。

なお、同年一一月、湖南《こなん》省常徳《じょうとく》での日中両軍の市街戦（常徳殲滅《せんめつ》作戦。中国側呼称は常徳会戦）で、蔣介石が市内で抵抗する余程《よてい》万率《まん》いる第七四軍の姿をスターリングラードの戦いのソ連軍と重ね合わせ、彼らを「中国国家民族の栄光」であると褒め称《たた》えたことは、前書ですでに紹介している。

毛は本章冒頭の宣言のなかで、独ソ戦ならびに米英の戦いに中国の六年間の抗戦を加えることで、抗日戦争を世界大戦の戦局の一角に位置づけようとしたのだ。さらに、彼は抗戦の勝利を勝ち取るためには作戦の強化・団結の強化・政治の改良・生産の発展について改革が必要であると指摘した。宣言は最後に次のことばで締めくくり、中国の人々に勝利に向けていっそうの団結を求めたのである。

この中国抗日戦争と世界反ファシズム戦争の決定的な勝負を決める段階にあたり、中共中央委員会は、全共産党員が毛沢東同志を指導者とする中央の周囲に強固に団結できること、中央の政策を強くまじめに実行し、自己の責任感を強化し、自己の想像力を発揚できることを信じている。また、抗日民族統一戦線を堅持し、すべての可能性とすべての努力を尽くして、全国のあらゆる抗日党派・抗日人民と一致団結して、国民政府と蔣委員長を支持し、日本帝国主義から勝利を手にすることを信じている。中華民族解放

国民政府の総財政支出と軍事費の支出（1937–1945年）

年	総支出	軍事支出	総支出に占める軍事支出の割合	特別支出	総支出に占める特別支出の割合
1937	2,091,324	1,387,559	66.35%	—	—
1938	1,168,653	698,001	59.73%	—	—
1939	2,797,018	1,536,598	54.94%	64,164	2.29%
1940	5,287,756	3,773,367	71.36%	138,562	2.62%
1941	10,003,320	4,880,835	48.79%	260,464	2.60%
1942	24,459,178	11,347,007	46.39%	738,306	3.02%
1943	54,710,905	22,961,267	41.97%	7,228,675	13.21%
1944	151,766,892	55,318,967	36.45%	28,751,009	18.94%
1945	1,276,617,557	421,297,013	33.00%	489,387,718	38.33%

（単位：千元）

特別支出とは、蔣介石の指示により中国中央銀行から支出される費用。おもに軍事と特務工作に用いられた。

強重華編『抗日戦争時期重要資料統計集』北京出版社、1997年、295頁をもとに作成

万歳！

一方、国府軍はこのときどのような態勢で戦いに臨んでいたか。

四二年、中共の抗日根拠地が日本側の治安強化運動により追いつめられ、精兵簡政により軍隊と行政機関をスリム化し、難局を乗り切ったことは前述した。同じ頃、国府軍も膨れ上がる兵員を削減する「精兵」を実施していたのだ。

それはなぜか。原因は、長引く戦争による物価の高騰と軍事費の過剰な支出だ。物価上昇率は年を追うごとに数十倍から数百倍に跳ねあがり、軍事費は四〇年に国民政府の財政支出のうち

七割余りを占めるまでに至る。もちろん軍事費の大半は軍需品の購入に回されたのであり、将兵の俸給が跳ねあがったわけではない。

これら経済的影響で将兵らの生活は困窮し、士気は落ち、逃亡を図る者も相次いだ。終わりの見えない戦争を続けるには、余分な兵員や部隊を整理統合し、同時に装備を強化して日本軍の攻撃に打ち勝つ部隊を作りあげなければならなかった。

そのためにまず、同年一月から四月末までに遊撃隊の総数を五〇万人から三五万人へとおよそ一五万人削減した。

装備の強化については、英米の協力が得られた。特にアメリカとは、四二年六月二日、「中美抵抗侵略互助協定」を結び、国民政府に対し、八・七億ドル分の兵器と軍需品が提供されることとなる。

以上のとおり、四二年から四三年にかけての国府軍は、来たる反撃に向けての軍事力の整備と強化に力を注いでおり、日本軍との戦いは常徳殲滅作戦など一部を除き、やや積極性を欠いていたといえよう。

その一方で、蔣介石は外交面で英米との協調を推し進めた。四三年一一月二二日、エジプトの首都カイロで英米中三国首脳会談、いわゆるカイロ会談が開かれた。二七日に署名された「カイロ宣言」では、日本が無条件降伏するまで三国が戦い抜くこと、中国大陸や台湾にある日本の植民地は、戦後中国側に返還することなどが取り決められる。蔣も英米との連携をとることで、毛沢東と同様に、抗日戦争を世界大戦の一角にしたのだ。

京漢作戦で第一戦区軍と正面衝突

カイロ会談中の二五日、日本にとって由々しき事態が起きた。華南方面から飛来した二十数機の米軍機が、日本植民地下の台湾北西部の新竹《しんちく》飛行場を攻撃したのだ。

このおよそ二ヶ月前、日本政府は戦争遂行上絶対確保すべき地域を、千島列島・小笠原諸島・内南洋（中部と西部南洋）・西部ニューギニア・スンダ列島（スマトラ島・ジャワ島・ボルネオ島およびその周辺の諸島）・ビルマを含む圏内と定める。この領域は絶対国防圏と称された。この圏内にある新竹飛行場への空襲により、早くも絶対国防圏が脅かされる事態となったのである。

これを受けて、日本の大本営はただちに米軍が使用していた中国西南部の飛行場の撃滅、ならびに中国大陸南北を貫く輸送路の確保を目的とした、一号作戦の検討に入った。飛行場の攻撃はまだしも、後者を行う理由は何だったのか。

すでにこの頃、南方から石油などの資源を運んでくる日本の船舶が、米軍の潜水艦や戦闘機に襲われ、大きな損害を被っていた。これを打開するために、中国大陸南北の鉄道路を縦貫させて、南方との連絡をつなげる必要があったのだ。

四四年一月二四日、大本営は支那派遣軍総司令部と協議の末、「一号作戦要綱」を決定。作戦は、京漢《けいかん》作戦（「コ」号作戦）と湘桂《しようけい》作戦（「ト」号作戦）のふたつからなり、国府軍を撃破して、中国中南部の主要鉄道沿線を占領することを目的とする。これにより中国側航空基地を無力化し、同時に中国南北を貫く鉄道路線を確保しようとした。

この要綱に基づき、支那派遣軍総司令部は三月一〇日、「一号作戦計画」を策定。具体的な作戦方針を決定する。このうち、本章では華北を主戦場とした京漢作戦に着目する。なお、中国側はこの戦いを豫中《よちゆう》会戦と呼ぶ。

同作戦は四月中旬から約一ヶ月半を期間とし、北支那方面軍各部隊が黄河畔の京漢線沿線地区から攻撃を開始。第一戦区軍を撃破しながら南下し、京漢線南部の沿線要域を確保する。作戦に投入する陸上兵力は、山西省の第一軍から一部出るほか、第一一軍・第一二軍・第一三軍から次の部隊が使用されることになった。

第一一軍―独歩第一一旅団主力
第一二軍―第三七師団・第六二師団・第一一〇師団・戦車第三師団・独混第七旅団・独歩第九旅団・騎兵第四旅団

第一三軍―第六四師団・第六五師団から各四大隊

その作戦行動は次のとおりだ。まず主力の第一二軍が四月下旬より河南省北部の新郷《しんごう》から京漢線沿いに南下。黄河を越えて同省中部の郾城《えんじょう》に進む。その後、一転して北西に進路を変えて洛陽に突進し、そこで第一戦区軍と戦い、これを撃破する。

第一三軍は四月末より郾城東南方の安徽《あんき》省阜陽《ふよう》県方面で陽動作戦を実施し、第一二軍の作戦を容易にしていく。第一軍も山西省南部で国府軍の動きを牽制《けんせい》する。

第一一軍は河南省南部で攻勢を進め、第一二軍の作戦を支える。以上の作戦が終了次第、各軍は京漢線南部要域を占領していく。

この日本軍の作戦に対し、国府軍はどのように臨んだか。河南省の防衛にあたっていた第一戦区は、八個集団軍と四個軍からなる。このうち、司令長官の蔣鼎文《しょうていぶん》は四個集団軍（第四・第一四・第三六・第三九）と三個軍（第九・第一四・暫四）、副司令長官の湯恩伯《とうおんはく》は四個集団軍（第一五・第一九・第二八・第三一）と一個軍（第七八）を率いた。

本来、戦区に所属する部隊は、司令長官の指揮のもとに統括される。だが、このとき第一戦区の部隊の指揮権は、蔣と湯に分割されていた。指揮の不統一は部隊の混乱を招きかねない。

蒋は蒋介石の遠縁で浙江省《せっこう》出身。蒋介石が校長を務めた黄埔《こうほ》軍官学校では教官を務め、北伐戦争や国共内戦など重要な戦いで前線に立ち、つねに蒋介石を軍事面で支えた。一方、湯も第三章で述べたとおり、北伐以来活躍を続けた軍人だ。

彼らはともに蒋介石のもとで長年コンビとして数々の戦場で戦い、その経験の積み重ねから次第にライバル関係となる。第一戦区の指揮がふたつに分かれたのは、その対立の表れだったのだ。

指揮が二手に分かれていたため、作戦指導もそれぞれに与えられた。湯軍は黄河南岸の汜《し》水《すい》から中牟《ちゅうぼう》以西を守備し、日本軍が新黄河を渡るのを防ぐ。もし渡河されたら、京漢線を下る日本軍を正面で迎撃する。蒋軍は湯軍の背後に配備された。

戦いの模様はどうだったか。四月一八日、第一二軍およそ一四万八〇〇〇人が火砲や戦車とともに作戦を開始。第三七師団と独混第七旅団が中牟付近を流れる新黄河を渡ろうとしたところ、それを防ぐ湯軍との激戦が始まる。だが、湯軍はこれに敗れて日本軍の突破を許す。渡河を終えた日本軍は鄭州《ていしゅう》や新鄭《しんてい》方面に進出。同地を守る第二八集団軍と交戦した。第三七師団の後方からは第六二師団などが続く。

二六日、第一二軍司令部は第三七師団に許昌《きょしょう》攻略の命令を発する。この地は三国時代、いち早く魏《ぎ》の都が置かれた地だ。その後も河南省中部の中心都市として長く繁栄した。

許昌市街は東西一・三キロメートル、南北一・五キロメートルあり、高さ四メートルほどの城壁で囲まれる。また、その周囲は幅三〇メートル、水深二・五メートルの水濠《すいごう》が掘られていた。さらに、その外側には三十数個のトーチカが配置され、各城門の周囲には地雷が埋設されるなど、日本軍の侵入を徹底的に阻んでいたのだ。

許昌を守備していたのは湯恩伯隷下の第二八集団軍の暫編第一五軍新編第二九師（師長呂《りょ》公良《こうりょう》）など兵力約六五〇〇人。彼らは戦意が高いことで知られた。蔣介石は許昌に日本軍が迫ったという情報を得ると、湯に許昌の死守を命じる。

これに対し、日本側は第三七師団を主力にして戦いに臨む。同師団と協同していた独混第七旅団は、部隊を「光」と「山」の二つに分け、前者に許昌城の北・西・南門、後者に城の東南角から包囲攻撃を仕掛けさせる。

二九日、許昌城周辺に結集した光部隊は、翌三〇日早朝から各城門に向けて一斉に攻撃を開始。すぐさま相手守備兵の抵抗を受ける。彼らを撃退するため、作戦に協力していた飛行第一六戦隊の爆撃機一二機が西門付近を中心に爆撃した。これにより西南角の城壁が崩れると、光部隊の一部がここから城壁の上へ登り、西門を占拠する。

これに対し、北門と南門は相手の抵抗が凄《すさ》まじく、一進一退の攻防が続く。特に南門は複数のトーチカと幅四メートル、深さ五メートルの壕が張りめぐらされており、突破は困難と思われた。

この戦況を打開するため、第一二軍司令部は、「虎兵団」と名づけられた戦車第三師団所属の戦車第一三聯隊を南門前に向かわせる。夕方、同聯隊は南門前に到着すると、目の前の守備兵を押しのけて城門に数回体当たりしこれを破壊。光部隊とともに一気に城内に突入したのだった。この城門をめぐる戦いで、光部隊は二〇〇人近くの死傷者を出す。

頑強に抵抗していた第二九師は、光部隊に城門を突破されると、ただちに城外へと撤退する。だが、それを待ち構えていた日本軍部隊と交戦。第二九師はおよそ三〇〇人の戦死者を出す。そのなかには呂師長や副師長の黄永淮《こうえいわい》らの遺体もあった。呂は、第二八集団軍軍長の李仙洲《りせんしゅう》から最後まで許昌を防衛するよう命令を受けていたため、撤退が遅れたのだ。

蔣介石は、許昌で最後まで抵抗し、不覚にも命を落とした呂の功績を称え、彼の遺族に特別撫恤費《ぶじゅつ》二〇万元を贈る決定をくだす。

敗北の責任をとって司令長官らは免職

第一二軍は許昌を落とすと、敵情判断により郾城《えんじょう》まで前進して攻略するという計画を変更。許昌から汝河《じょが》づたいに北西に転じ、第一戦区司令部のあった洛陽を目指して進軍した。

黄河支流の洛河《らくが》沿いにある洛陽は、紀元前一一世紀、周（西周《せいしゅう》）時代に建設された洛邑《らくゆう》と呼ばれた都城に端を発する。この地は黄河と通じ、また中国西北地域と華北をつなぐ位置にあったことから、古くから交易の拠点として栄え、宋代以降に政治と経済の拠点が徐々に沿岸部へ移るまで、数多くの王朝が都を置く。

また、中国仏教文化という点でも、洛陽は重要だ。市街の南郊にある龍門石窟《りゅうもんせっくつ》は、魏晋《しん》南北朝北魏《ほくぎ》時代の五世紀末から四〇〇年以上かけて造られた寺院で、断崖《だんがい》に彫られたおよそ一七メートルの巨大な毘盧遮那仏《びるしゃなぶつ》座像があることで知られる。

洛陽は許昌と同様、市街が高い城壁で覆われ、四方にそれぞれ堅固な城門を構えていた。城外南側には洛河、東側には大きな窪地《くぼち》があり、それらが天然の要害となる。一方、台地となっている北側と西側には、トーチカや壕が張りめぐらされ、日本軍の襲来に備えていた。また、城壁の外側には幅三〇メートル、深さ一〇メートルの戦車壕が設けられるとともに、唯一城内外を結ぶ西門の橋の周囲には、強力な重火器や地雷が設置される。

第一戦区で洛陽に配備されていたのは、司令長官直属の第一四軍（軍長張際鵬《ちょうさいほう》）一個師と、劉茂恩《りゅうもおん》を総司令とする第一四集団軍隷下の第一五軍（軍長武庭麟《ぶていりん》）の二個師だ。前者は洛陽城内とその南側、後者は城外の北側高地をそれぞれ守っていた。

五月六日、蔣介石は蔣司令長官をはじめ洛陽の各部隊長に宛てて次の電文を発し、強い決意のもと、日本軍との戦いに備えるよう命じる。

今回の洛陽龍門の会戦は、まさに我が抗戦の勝敗を決める最大の要《かなめ》である。全官兵は敵を倒して国に報い、自らを犠牲にして成功を手に入れ、革命の職責を完成させ、我が国父（孫文のこと―引用者注）と戦没した烈士の霊を慰めよ。およそ我が忠烈将士は、必勝の信念を抱いて、陣地を死守し、城が残ればこれと残り、城が失われればこれと運命をともにする決心で、一致団結して生死を同じくし、命令に服従して規律を厳守し、さもなければ、連座を適用する。もし、死を恐れて退き、我が全軍の栄誉を損ねる者がいたら、必ず容赦なく切り捨てよ。我が各級官長らは、兵士より先んじて身を挺《てい》し、厳しく指導して、この重大な使命を完成させることを望む。（「蔣委員長致第一戦区司令長官蔣鼎文転示第十四集団軍総司令劉茂恩副総司令劉戡《りゅうかん》及各軍師団長等令所属奮勉争取勝利手令」、『中華民国重要史料初編―対日抗戦時期　第二編　作戦経過（二）』所収）

蔣介石は、洛陽の戦いを抗戦の一大決戦と位置づけ、連敗する国府軍に命を賭《と》して戦いに臨むよう檄《げき》を飛ばし、日本軍のこれ以上の進攻を食い止めようとしたのだった。

はたして、洛陽の戦いはどうなったのか。

第一二軍の作戦部隊主力が洛陽へ向かっている最中の五月一四日、北支那方面軍司令部は、一号作戦に参加するため黄河南岸を西に進んでいた第六三師団に、洛陽を攻撃するよう命じた。しかし、同日、許昌の戦いで活躍した虎兵団が、戦場一番乗りを目指して洛陽に猛進し、城壁西南角から城内へ先に攻撃を開始したのだ。一八日、第六三師団も洛陽西北方に到着し攻撃に入る。二〇日、第一二軍は第六三師団を編入し、二四日より洛陽へ総攻撃。激戦の末、二五日夜、これを占領した。この戦いで第一二軍は、死傷者およそ三六〇人を出す。一方、第一戦区軍側の死者は約四四〇〇人、捕虜は六二〇〇人余り。指揮にあたっていた第一五軍の武軍長は、洛陽陥落直前、命からがら城外へ脱出する。

第一戦区軍は蔣介石にあれほど厳しく洛陽を守るよう命じられていたにも拘《かかわ》らず、なぜ数日であっけなく落ちてしまったのか。

洛陽陥落直前、蔣司令長官は蔣介石に次の電文を送る。

　本戦区のこの度の挫折は、事態が複雑とはいえ、指揮が適切でなかったことがおもな要因です。いま司令官たちは相次いで命を落とし、洛陽は孤立無援で急ぎ救援を待っています。私はとても焦っており、片時も安心することができません。反攻の際には私一人でも軍に従って東進し、生死をともにする決心でいます。官兵たちを鼓舞し、あらゆる長官部の事務を兄（蔣介石のこと──引用者注）または胡宗南《こそうなん》兄に近くお譲りします。結果が出たら、身を整えて裁きを待ちます。（「第一戦区司令長官蔣鼎文呈請随軍東進電」、『中華民国重要史料初編―対日抗戦時期　第二編　作戦経過（二）』所収）

蔣鼎文は敗北の原因が指揮にあったことを認め、司令長官の地位を自ら退き、敗北の責任を甘んじて受ける決心を伝えたのである。おそらく、彼が第一戦区軍の全権を握っていれば、周辺にいた隷下の部隊を救援に呼べたのかもしれない。だが、前述のとおり、彼は湯恩伯と対立し、指揮権も二分していたため、自軍から思うように助けを求められなかったのだ。このような、ふたりの関係が洛陽の早期陥落につながったのではないか。

一方、蔣介石にとって、命を懸けてでも防衛するよう命じた洛陽が、あっという間に陥落したことを許しては、戦術上のミスを容認するばかりか、国府軍トップとしての信頼を落とし、自らのプライドも傷つく。よって、七月、彼は蔣鼎文を懲戒免職し、新たな第一戦区司令長官に第九・第六戦区司令長官として抗日戦の陣頭指揮にあたっていた陳誠《ちんせい》が着任した。そして、湯恩伯も八月に副司令長官の職を解かれ、その席には第八戦区から胡宗南が就く。陳も胡も蔣介石に忠節を尽くした側近中の側近で、彼らによって第一戦区は抗日戦を挽回《ばんかい》するために立て直されていったのである。

勝利のための「犠牲」か、人民のための「犠牲」か

洛陽攻略を終えて、支那派遣軍は作戦計画に基づき、第一二軍の第三七師団と戦車第三師団を湘桂作戦に向かう第一一軍に転属させた。それ以外の同軍各部隊は、京漢作戦で占領した河南省の要域と京漢線南部沿線の守備につく。

第一二軍は、京漢作戦の実施にあたり、参加部隊が駐屯《ちゅうとん》していた華北の各地点に守備部隊や傀儡《かいらい》軍を残留させて警戒にあたらせた。だが、主力が抜けたそれらの部隊は戦力が劣る。百団大戦以降、第一二軍の粛正作戦で苦しめられていた八路軍にとって、この華北の戦況の変化は、反撃に転じる大きなチャンスとなった。

九月八日、毛沢東は中共中央警備団の追悼会で登壇し、「為人民服務」（「人民のために奉仕する」、『毛沢東選集　第三巻』所収）と題する演説を行う。このなかで、彼は次のように述べて、抗日戦に向けた決意を訴えた。なお、この演説の題名は、後に中華人民共和国で巻き起こったプロレタリア文化大革命でスローガンのひとつとして利用される。

我々は全国各地から共通の革命目標のためにひとつに集まってきた。また我々は全国の大多数の人民と同じ道を歩まなければならない。我々は今日すでに九一〇〇万人の人口をもつ根拠地を指導している。だが、まだこれでは足りず、さらに拡大させて全民族

の解放を勝ち取らなければならない。

我々の同志は困難に直面したとき、成果に目を向け、光明に目を向けて、我々の勇気を奮い起こしていった。中国人民が難を受けたら、我々は彼らを解放する責任があり、奮闘努力しなければならない。奮闘することは犠牲をともなう。人の死はつねに起こることである。しかし、我々は人民の利益、大多数の人民の苦痛を思うなら、我々は人民のために死に、その死に場所を得たということだ。

しかし、我々はできるだけ不必要な犠牲を抑えていくべきだ。我々幹部はひとりひとりの戦士に心を配り、すべての革命部隊の者は相互に配慮し、いたわり合い、助け合わなければならない。


前述の洛陽の戦いでの蔣介石の電文と、毛沢東の演説にはどちらも「犠牲」ということばが使われている。ところが、前者は勝利のために命を賭す「犠牲」であるのに対し、後者は人民のために命を懸けるが、それを不必要には求めないとされた点に違いがある。

それは実際の数字にも表れている。『中国国民党軍簡史』によると、日中戦争勃発《ぼっぱつ》から四五年三月までの、中国戦線における日本軍の総死傷者数が約二二八万人なのに対し、国府軍はそれを上回るおよそ三一〇万人に達していた。

八路軍は治安強化運動で苦しめられたが、その後、不必要な戦いを避け、戦力を温存したことで勢いを取り戻す。兵力は四三年の約三三万九〇〇〇人から、翌四四年には約五〇万七六〇〇人、四五年にはそのおよそ倍の一〇二万八九〇〇人に急増した。民兵も四四年の約一六〇万八五〇〇人から、四五年にはおよそ二六八万七七〇〇人となる。

彼らは日本軍が一号作戦を実施して以降、いかにして抗日戦を戦い、勢力を挽回していったか。

晋察冀辺区で反撃が始まる

四四年一月二〇日、晋察冀《しんさつき》辺区の党組織である晋察冀分局は、中共中央の指示のもと、今後の方針と任務について次のとおりに決定した。

全華北人民の力を結集して、すべての困難を克服する。華北抗戦と抗日根拠地を堅持し、力を蓄えて反攻を準備し、勝利を迎え入れる。これが一九四四年の全華北の方針である。(「中共中央晋察冀分局関于一九四四年工作方針及任務指示〔節選〕」、『晋察冀抗日根拠地―文献選編』所収)

これを受けて、晋察冀辺区の八路軍はいかに反攻したか、主要な区の戦いをみていこう。

まずは北岳区。一月、北岳区の第一軍分区部隊は易県《いけん》にある日系の電灯会社に進入し、電気設備を破壊する。彼らはそのまま西に進み、山西省境に近い淶源《らいげん》と蔚県《うつけん》にある日本側の炭鉱を攻撃、これを占拠した。第三軍分区部隊も進撃を開始し、傀儡軍と計一四回交戦を繰返した末、一三〇人余りを倒す。第四軍分区部隊も五月、傀儡軍と戦い、約一二〇人を打ち破り、さらに、日本側の拠点およそ二〇ヶ所を奪取した。

第一軍分区部隊は、北京西方郊外の門頭溝《もんとうこう》にある炭鉱を急襲して占領するとともに、近くの妙峰山《みょうほうざん》周辺の村々も支配下に置く。このほか、北京南方の涿県《たくけん》（現涿州《たくしゅう》）・淶水《らいすい》・房山《ぼうざん》、北方の万里の長城線沿いの日本側拠点も次々と奪う。この結果、五月までに北岳区の各軍分区部隊が手に入れた拠点の総数は三五八ヶ所にのぼったのである。

北岳区の反攻の勢いはこれに止《とど》まらない。六月上旬、北岳区は河北省都の保定《ほてい》、ならびにその近くにある望都《ぼうと》・完県《かんけん》・淶源を襲撃し、日本軍の補給路を遮断する。特に淶源では、この攻撃により守備に回っていた傀儡軍およそ四〇人が戦死した。八月から九月にかけては、第三軍分区部隊が保定西南方の唐県《とうけん》と曲陽《きょくよう》の間に構築された遮断壕を突破し、日本軍占領地内に遊撃戦の拠点を置いたのである。

京漢線を挟んで北岳区の東にある冀中区はどうか。冀中区も北岳区と同じく、一月より反

日本軍の自転車を鹵獲した晋察冀辺区の民兵（『中国抗日戦争画史新編』所収）。

攻が開始された。第九軍分区部隊は、二月上旬までに保定東方の白洋淀《はくようてん》以南の高《こう》陽《よう》・任丘《にんきゅう》・蠡県《れいけん》・粛寧などの県を次々と襲撃。逃げ遅れた傀儡政権側の中国人県長を殺害し、彼らを背後で操っていた日本人顧問を捕虜にする。また、五月には、任丘に留《とど》まっていた傀儡軍を再び攻撃し、およそ五〇〇人を投降させた。

　第七軍分区部隊も一月、滹沱河左岸の無極《むきょく》一帯を攻撃し、そこに日本軍が保管していた食料一二五トン、綿花五五トンを手に入れる。当時、無極付近にいた歩兵第一三九聯隊も次のような事態に遭遇した。

第五中隊が無極県城を警備していた時である。無極と正定との中間にある大奉化《だいほうか》に八路軍の遊撃隊約六百が潜入したとの情報が入った。無極から河野曹長の指揮班、それに四ヶ分隊、配属機関銃岸本分隊が、二月十七日夜半に出動し、大奉化の東南面に向って戦闘態勢をとった。折柄猛烈な砂塵の大嵐だった。

八中隊と六中隊も策応して、北西及北東から攻撃する筈であった。しかし連絡がとれないまま部落に近づくと、敵は我方を少数と見て、前後から挟撃態勢をとり、五十米の所まで突進してきた。

特に手榴弾がどんどん飛んでくるので身動きができなかった。これが敵の擲弾銃に出あった最初であった。二百米離れた部落の囲壁の上から発射してくるのである。

昼すぎまで戦闘がつづき第五中隊、ＭＧ（機関銃隊―引用者注）ともに負傷者が六、七名出た。大隊の救援隊がきて敵を撃退した。（『姫路歩兵第百三十九聯隊史』）

第一三九聯隊の前に現れた八路軍は、日本軍が現れると正面での戦いを避けて身を潜めた、かつての彼らとはまったく違っていたのだ。

第七軍分区が日本軍を攻めたてていた頃、第一〇軍分区は、第三五・第四三両区隊らが新《しん》城《じよう》付近にいた日本軍と傀儡軍を攻撃し、日本軍将兵を含む二〇〇人余りを死傷させた。第八軍分区の第三七区隊は六月、傀儡軍との交戦で小銃三六〇丁を手に入れる。

その後も冀中区の各軍分区は秋にかけて攻勢を強めていく。その結果、冀中区南部の藁城《こうじよう》から無極一帯は、日本軍の支配から解放され、保定から天津に至る地域でも徐々に日本軍を追い詰めていったのである。

冀熱辺区もみていこう。一月、第一三軍分区（冀東軍分区）の第一区隊は、北寧《ほくねい》線沿線の灤県《らんけん》で傀儡軍と戦い、八〇人余りを捕虜とした。灤県の北方にある盧龍《ろりゆう》でも戦闘が起こり、傀儡軍およそ三〇〇人を倒す。三月には北寧線を通っていた日本軍の列車を襲撃し、貨車に詰め込まれていた機銃や弾薬などの武器を押収する。四月、同軍分区所属の第一三団は、密《みつ》雲《うん》県北部にあった日本軍の火薬庫を襲い、貯蔵されていた爆弾をすべて破裂させた。

八月、第一三軍分区は夏季攻勢と称して、さらに日本軍への攻撃を活発化させる。長城線周辺にあった無人区に対し、彼らは粛正作戦を展開し、次々とこれを破っていく。

冀熱辺区北部は満洲国の領域に入りこんでおり、ここに八路軍の勢力が活発となれば、満洲国境沿いの治安を脅かす要因となった。そのため、日本軍は一〇月、満洲国軍一万人を冀熱辺区に派遣し、徹底的な粛正作戦を行うこととなる。

これに対し、第一三軍分区は主力部隊を二分し、一方を長城線外へ、一方を区内に留め、満洲国軍を挟み撃ちにして、その攻撃の手を緩めようとした。また同時に、民兵には地雷戦で抵抗させる。さらに、区の幹部らは、掃討戦の間隙《かんげき》を突いて、農民らへの減租減息を徹底させ、彼らの不安を和らげた。これらの対策を実行したことにより、冀熱辺区は満洲国軍の掃討戦をしのぐことができたのである。

なお、このとき反攻が始まっていたのは中国戦線だけではない。六月六日、フランス北部のノルマンディー海岸に連合国軍一七万人が到着した。世にいうノルマンディー上陸作戦（ネプチューン作戦）の開始である。

このおよそ四年前の四〇年五月、ドイツ軍は約二〇〇〇台の戦車を動員してベルギー領からフランスに侵攻。守備についていたイギリス軍は、ベルギー国境沿いにあるフランスのダンケルク港から本国へと撤退した。ドイツ軍はそのまま南下し、六月一四日、パリを占領した。さらに、ドイツ軍はドーバー海峡を渡ってイギリス本土に進攻しようとする。だが、それが難しいことがわかると、ロンドンなどイギリスの主要都市を空爆した。

その後、独ソ戦が激しさを増すなか、英米ソら連合国は、ドイツ軍の手薄となったヨーロッパ西部戦線で反攻することを模索する。四三年一一月二八日のテヘラン会議で三国首脳は、フランス北部からパリへと進む、いわゆるオーバーロード作戦の実施を決めた。その手始めがノルマンディー上陸作戦だったのだ。

上陸後、連合国軍はドイツ軍の激しい抵抗に苦戦を強いられる。だが、徐々にドイツ軍を押し返し、八月二五日、パリを奪還。九月にはドイツ国境線沿いまで進軍したのであった。

東部戦線に目をやると、六月二二日、ソ連軍がドイツの首都ベルリンを目指して大攻勢をかける。七月三日には、ドイツ軍との激戦地となったミンスクを占領。これにより独ソ戦でドイツに奪われていたソ連領をすべて取り戻した。そして、ソ連軍は勢いのまま旧ポーランド領に入り、一〇月までにドイツ領東プロイセンまで進む。

一方、太平洋戦線では、四四年七月、マリアナ群島のサイパン島が米軍の手に落ちた。これにより、日本の絶対国防圏が設定から一年もたたずに崩壊する。その後、米軍は一〇月二〇日、フィリピン中部のレイテ島に上陸。日本の戦線はますます縮小していった。

前述のとおり、毛沢東は抗日戦争を単なる日中二ヶ国間の争いとせず、第二次世界大戦の一角に位置づけようとしたが、晋察冀辺区の反攻は、まさに各戦局での連合国軍の反転攻勢と軌を一にして行われていたといえよう。

日本軍はもう八路軍と戦える状況でなかった

四四年一一月二二日、およそ三年八ヶ月もの間、支那派遣軍総司令官を務めた畑俊六《はたしゅんろく》大将が退き、後任に日中戦争勃発以来、わずかの時間を除き、長く中国戦線で指揮をとり続けた岡村寧次大将が就く。着任に際し、岡村は天皇から個人として勅語を受けた。いかに、岡村の働きに期待がかけられていたかがわかる。

当時、岡村は作戦について次のような信念を日記に綴《つづ》った。

戦争全局の指導に寄与するためには、将来予期される米支連合軍の陸海両正面からする総反攻の機先を制し、且つ本土防衛を有利にするため、派遣軍は一号作戦の成果を利用し万難を排して、まず重慶屈伏作戦を敢行すべきである。(『北支の治安戦〈2〉』)

この思いは大本営も共有していた。四五年一月二二日、大本営は派遣軍に「大陸命第千二百二十八号」(同右所収)を発し、当面の作戦方針を示す。その内容はおよそ以下のとおりだ。

一、大本営の企図は、進攻する敵特に主敵米軍を撃破して皇土を中核とする国防要域を

確保し、以て敵の戦意を破摧するに在り
二、支那派遣軍総司令官は、支那大陸に進攻する主敵米軍を撃破して、其企図を破摧し、大陸に於ける要域を確保すると共に、重慶勢力の衰亡を図るべし

支那派遣軍は、本来の敵である国府軍や八路軍よりも、中国大陸に迫るアメリカ軍の攻撃に備えなければならなかった。もともと日本と中国との戦いだった日中戦争は、その形を大きく様変わりさせていたのだ。

以上の方針のもと、支那派遣軍は「沿岸方面対米作戦準備要綱」を決定し、アメリカ軍の上陸に備えるため、光号《ひかりごう》作戦と称して華南と華中の沿岸にそれぞれ部隊を配置し、陣地構築や飛行場建設、軍需品の集積や各種訓練にあたらせた。

この作戦に動員されたのが、華北で粛正作戦を行っていた部隊だったのだ。すなわち、北支那方面軍第五九師団・第六三師団、第一軍第六九師団、第一二軍第一一〇師団・第一一七師団・戦車第三師団、駐蒙軍第一一八師団の計七個師団である。

そして、彼らが転用されてできた空白を埋めるため、新たに五個の独立警備隊が新設された。同隊は一個隊につき司令部・六個独立警備歩兵大隊・一個独立警備作業隊からなり、兵員は八八五七人を擁する。これ以外にも、傀儡軍が日本軍占領地の各所に配備されていた。

だが、彼らが光号作戦で抜けた主力の代わりを務めるには、明らかに戦力不足であったのだ。

この不利な状況に、北支那方面軍はいかなる対応をとったのか。四四年一一月一日に同軍参謀長となった高橋坦中将は、次のとおりに回想する。

精鋭兵団の転用に伴い、全般の素質低下が最も懸念された。従って従来の分散配置による面的支配は逐次困難となるべく、取りあえず昭和二十年は、重要事業場と鉄道の確保が重点施策になると考えた。これには中国側の協力がなければ不可能なことだが、行政のやり方は、中共側の方が数段巧妙で実力ある状態のようであるので、容易ならぬことだと思った。中共対策は「その程度でよいのか、今後大いに考えよう」というのが着任当初の実感であった。(『北支の治安戦〈2〉』所収)

また、当時の日本軍占領地の様子について、北支那方面軍第一課高級参謀の寒川吉溢大佐は振り返る。

方面軍占拠地域である三特別市(北京・天津・青島―引用者注)、四〇〇県において、治安良好とみられるものは三特別市のほか七県(一・四%)に過ぎず、ほとんど配兵なく中共側の蠢動に委せざるを得ないとみなされるもの一三九県（三一・五％）、全体の六六・九％に該当する二九五県（華北政務委員会直轄行政区四県を含む）は中間地区である。この地区は彼我勢力の浮動が甚だしく、行政力の滲透も十分でないものが多い。その大部はおおむね県城を中心に若干の郷村に分駐しているだけで、民心はむしろ中共側に傾くものが多いという実情であった。昭和十六年末、治安地区一〇％、准治安地区四〇％、未治安地区五〇％、県行政機関の復活九二％（総数三九八県中三六六県）であったのに比較すれば、治安悪化の状、明らかなものがあろう。（同右所収）

日本軍は八路軍の進出を抑えきれないなかで、光号作戦により華北の守備兵力を削減させた。これは対米戦に備えるためのやむを得ない事情とはいえ、華北の占領地を維持しようとする日本軍にとっては悪手であり、八路軍にとっては抗日戦をさらに有利に進めるうえで、願ってもないチャンスとなったのだ。

八路軍の攻勢は止まらない

四四年一二月一五日、毛沢東は陝甘寧《せんかんねい》辺区参議会に出席し、「一九四五年的任務」（「一九四五年の任務」、『毛沢東文集　第三巻』所収）と題する演説を行う。このなかで彼は、「我々の唯一の任務は、連合国と協力して日本を打倒することだ」と、改めて抗戦の目的を明確にした。そのうえで、次のように述べて、戦いの具体的な方針を示した。

まったく守備が手薄で、我々が現在の条件のもとで攻撃が可能な淪陥区《りんかんく》（日本軍占領地区―引用者注）を、必ずすべて解放区と化し、敵を極端に狭い都市と交通の要衝のなかに押し込めて、それを我々は徹底的に包囲する。そして、各方面の条件が整うのを待って、敵を完全に駆逐していくのだ。

可能な限り根拠地を広げることで、いまだに点と線での支配しかできていなかった日本軍をより追い詰めて撃退する。これが実現できれば、華北の抗日戦の主導権は完全に八路軍がつかむ。

毛の指示を受けて、晋察冀分局は四五年二月、「一九四五年拡大解放区的方案」（『中共中央北方局　抗日戦争時期巻　下冊』所収）を定め、今後根拠地を広げていく地域を、辺区北東部の大清河《だいせいが》以北、子牙河《しがが》以東、津浦《しんぽ》線以東の一帯とすることを決める。その沿線には華北における日本の最重要拠点のひとつである天津があり、また渤海《ぼっかい》湾にも面していた。ここに八路軍が進出することで、華北における八路軍の優位は揺るぎないものになる。一方、日本軍はここを死守できなければ、華北戦線の崩壊を招くおそれがあった。

この方案に基づいて、晋察冀辺区は四月より本格的な反攻を始める。それはどんな戦いだったか。ここでは冀中軍区による戦いをたどっていこう。

任河の戦い

保定東南方、白洋淀南側にある任丘は保定と天津を結ぶ道路上にある交通の要衝のひとつだ。ここには独歩第九旅団の守備隊七〇人と傀儡軍の警備隊およそ五〇〇人が駐屯していた。

任丘の町は四方を高い城壁で覆われ、城外にはトーチカと塹壕《ざんごう》が配され、八路軍の進入を拒んでいた。また、任丘南方の河間《かかん》にも日本軍の拠点があり、傀儡軍と協力してこの一帯の粛正にあたる。冀中軍区所属の第九軍分区は、任丘を攻略することにより、天津方面への進撃ルートを確保しようとした。

四月二五日、同軍分区の第四二区隊は、密《ひそ》かに任丘城外に近づくと、城壁のそばから地下道を掘り、城内への進入を試みる。同時に警備隊に対し、無線や手紙を使って投降を呼びかけた。

八路軍が城外にまで迫ったことが知られると、任丘城内では混乱が起きる。さらに、投降を迫られた傀儡軍の間には動揺が広がっていく。これを助長するため、第四二区隊は昼夜問わず城外から銅鑼《どら》を打ち鳴らす。この騒ぎに守備側で精神を患う者が出る。混乱を抑えきれなくなった守備隊長は、河間の守備隊に救援を要請した。だが、すでに河間との連絡路は第四二区隊によって遮断されていたのだ。

三〇日、守備隊と警備隊が任丘を放棄すると、第四二区隊は無血で入城を果たす。一方、河間には第八軍分区所属の第三三区隊が迫る。五月九日、区隊は河間を襲撃。傀儡軍二〇〇人余りを倒して攻略した。

文新の戦い

任河《にんか》の戦いを終えた二個区隊は、日本軍に反撃の隙を与えないため、ただちに次の作戦に入る。彼らが向かったのは、任丘から北東方にあった文安《ぶんあん》と新鎮《しんちん》だ。このふたつの集落は、ともに大清河支流の文安洼《ぶんあんわ》という湖のほとりにある。特に新鎮には天津と保定を船で結ぶ埠《ふ》頭《とう》があり、以前から人や品物の往来で栄えていた。

大清河は下流で子牙河と合流し、さらに天津市内を流れる海河《かいが》とつながり、最後に渤海湾へと至る。つまり、文安と新鎮を押さえれば、文安洼から川伝いに天津へ直接進むことができたのだ。

新鎮の城内には、日本軍守備隊八〇人と傀儡軍約三〇〇人が駐屯し、城外にも傀儡軍四〇

○人余りが配備されていた。さらに、堅固なトーチカや塹壕に加え、城の北側には大清河があり、天然の要害となっていたのである。

五月六日深夜、ひと足早く新鎮付近に到着した第四二区隊は、比較的防御の手薄だった城外南側の日本側拠点のひとつ北辛庄《ほくしんしょう》に進む。そして、密かに地下道を掘って爆発物を設置する。八日午前、第四二区隊は日本軍の隙を突いて地下道を爆破。その衝撃で地上にあったレンガ造りの建物が崩壊し、傀儡軍数十人を死傷させた。また、生き残った将兵も投降や逃亡を図ったため、北辛庄はあっけなく第四二区隊の手に落ちた。まもなく、第三三区隊、第一○軍分区の第三五・第四三区隊も合流し、新鎮の北側以外の三方を取り囲む。この区隊らの素早い動きに新鎮城内の日本軍守備隊はなす術《すべ》がなかった。

一七日、新鎮の日本軍守備隊と傀儡軍は文安洼の港から船に分乗し、大清河を伝って天津方面へ脱出する。だが、これを知った第三五区隊は、先回りをして大清河に架かる橋の上から守備隊らの船に向けて発砲。彼らに大きな損害を与えた。

新鎮を占領した第四二区隊らは、すぐさま文安に向かう。彼らはここでも爆弾を破裂させて日本軍の戦意を奪って攻撃。三一日にこれを攻略したのだった。

新鎮と文安を手に入れた冀中軍区は、大清河から子牙河へと進撃を続けていく。

子牙河東部の戦い

子牙河は、河北省中部の献県《けんけん》から天津近郊の独流《どくりゅう》を通る河川で、両岸には一〇〇ヶ所あまりの日本軍のトーチカが並ぶ。晋察冀辺区が拡大方案を実現していくためには、この鉄壁の防御態勢を突破しなければならなかった。彼らはいったいどうしたか。

大清河まで兵を進めた冀中軍区は、軍勢を第八軍分区の南路と、第九軍分区が率いる北路の二手に分けて進撃させる。

六月八日、子牙河上流左岸の沙河橋《さがきょう》と留各庄《りゅうかくしょう》付近で日中両軍の戦闘が始まった。四日間にわたる戦いで、南路は傀儡軍約三〇〇〇人を捕虜とし勝利した。ここでも同軍分区は掘削した地下道を爆破させ、傀儡軍を混乱に陥れる。

一方、北路は一〇日夜、第四二区隊が文安洼から密かに船に乗って子牙河下流の日本側拠点を襲撃する。同時に第三四・第三八区隊は文安洼の南側を陸路で進み、同拠点を挟撃した。不意を突かれた守備の傀儡軍は拠点を守り切ることができず、後方の静海県（現天津市静海区）まで撤退する。この船を使った水上からの奇襲を、八路軍は「水上遊撃戦」と呼んだ。

その後も南路・北路両部隊は、連携をとりながら子牙河両岸の日本側拠点を襲い続ける。そして、七月四日までに彼らは子牙河上流の献県と大城県《だいじょう》のほか、両岸の拠点三七ヶ所を攻め落とし、周辺の二七八ヶ所の集落を日本軍の支配から解放させたのだった。

ところで、子牙河の戦いが行われていた頃、天津市内を守っていた傀儡軍の警備隊の一部が突然姿を消す。警備隊のなかに第九軍分区が派遣した共産党員が変装して紛れ込んで反日宣伝をし、隊員らを離脱させたのだ。これは「化装襲人」（または「化装襲撃」。「化装」とは偽装の意）という、彼らがよく用いる謀略のひとつだった。

また、四五年春から夏にかけ、中共地下党員の孟憲功《もうけんこう》と魏焉《ぎえん》が北京西郊にある日本管理下の石景山《せきけいざん》製鉄所に潜入。「善隣工作隊」と称して所内に学校や診療所を建てる運動を起こす。その際、それらの組織に「自衛隊」を設け、必要な武器や弾薬を日本側に求めた。そして、それらを手に入れると、秘密裏に八路軍側へ提供したのである。これも一種の「化装」によるスパイ工作だったといえよう。

大清河北部の戦い

拡大方案に従い、任丘から子牙河まで勢力を拡大した冀中軍区は、大清河北岸へと矛を向ける。大清河の北およそ五〇キロメートルの地点には、永定河《えいていが》があった。ここは、日中戦争勃発の地となった盧溝橋の下を流れる川だ。冀中軍区は、大清河北岸から永定河南部一帯への進出を試みる。

まず、子牙河の戦場からやってきた第九軍分区が右縦隊となって大清河北岸に上陸し、天津西方の勝芳《しょうほう》から堂二里《どうにり》にかけての相手側拠点を落とす。同時に第一〇軍分区が左縦隊として京漢線沿線の覇州《はしゅう》（覇県）と牛駝《ぎゅうだ》（牛坨）の日本軍を攻撃する。これにより、天津だけでなく北京方面への進攻を容易にしていく。さらに、第六・第七・第八軍分区もこれらに加勢する。冀中軍区は総力を結集してこの戦いに挑んだのだ。

七月一二日夜、右縦隊は計画に基づいて大清河を渡河する。勝芳に近づいた第三八区隊は、一三日早朝、勝芳県城に攻撃を開始。日本軍のトーチカ一六個を破壊し、抵抗した傀儡軍およそ二〇〇人を倒した。

堂二里には同隊の第二七団が進攻する。一五日朝、掘り進めた地下道を爆破して相手側の動きを封じ込め、守備にあたっていた傀儡軍全員を捕虜にした。

左縦隊はどうか。彼らも一二日より覇県への攻撃を始める。一三日、第三八団と第四三区隊が覇県城内に進攻し、傀儡軍を撃退した。まもなく、同軍の増援部隊が現れて、彼らは覇県からいちじ撤退をするが、再び反撃し増援部隊を追い出す。

この戦いは最終的に日中両軍で七〇回以上の戦闘が行われ、晋察冀辺区は大清河北岸の約一〇〇〇平方キロメートルの地域を支配下に入れた。そこから天津や北京は目の前にあり、それらを攻め落とすことで、日中戦争の勝利は決定的となったのである。

ちなみに、冀中軍区の戦いが行われていた四五年四月二三日から六月一一日にかけて、中共中央委員会のあった陝甘寧辺区の延安《えんあん》で、中共第七回全国代表大会（七全大会）が開かれた。党大会の開催は二八年にモスクワで六全大会があって以来、一七年ぶりのことだ。会場には、戦乱のなか全国から代表五四四人、表決権のない候補代表二〇八人の計七五二人が参集する。

大会では、はじめに毛沢東の政治報告が行われ、八年にわたるこれまでの抗日戦争と国政情勢を分析し、戦争終結後の中共による新たな国家建設に向けた方針を明確に打ち出した。これに続いて、党書記の劉少奇が党規約改正について報告し、いわゆる毛沢東思想が今後の中共の指導指針であると述べた。この大会によって、毛沢東を中心とした指導体制が中共党内で確立していく。

山東省でも日本軍は八路軍に歯が立たない

「一九四五年の任務」の発表を受けて、山東省でも八路軍の抗日戦が活発化する。四五年の春季攻勢では、魯中《ろちゆう》軍区の部隊が蒙陽《もうよう》県を攻略し、傀儡軍一三〇〇人余りを死傷、および捕虜とした。魯南《ろなん》軍区でも八路軍部隊が泗水《しすい》県城を攻め落とし、傀儡軍守備部隊を全滅させる。沿岸部の日本軍占領地も、八路軍が次々と占領していく。

七全大会開催中の六月二日、中共山東分局は「中共山東分局関于山東目前戦争形勢与我們

緊急動員的指示」(「山東の現今の戦争形勢と我々の緊急動員に関する指示」、『山東抗日根拠地』所収)で、現時点での抗日戦の状況を次のように分析した。

今日における山東省の情勢は、新たな緊張状態に突入した。これは、ソ連の強大な赤軍がベルリンを攻略し、ヨーロッパの反ファシズム戦争に勝利した連合国が現れたことで引き起こされた変化だ。

同時に我々山東解放区が拡大し続けたのもまた、重要都市を奪還しただけでなく、一千余里の長さを誇る海岸線を制圧して、青島・済南・徐州の三大都市と津浦・隴海・膠済の三大鉄道路線に直接圧力を加えることができたためだ。これはすべて、連合国の作戦と我々の反攻のときにまず着目した戦略拠点であった。これらのことによって、山東省の現在および今後における戦略的地位はきわめて高くなったのだ。

五月二日、ソ連軍はドイツの首都ベルリンを占領。五日後の七日、ドイツは連合国に無条件降伏をする。ヒトラーはベルリン陥落の二日前の四月三〇日、市内の地下壕で、前日に妻となったエヴァ・ブラウンと命を絶っていた。

ドイツの降伏により、枢軸国として連合軍と戦っているのは日本のみとなる。山東省は中国のなかでも日本と距離が近い軍事的に重要な位置にあり、沿岸部を押さえ、かつ日本軍が依然占領する主要都市と鉄道路線に迫ることで、戦争の勝利をより確かなものにすることができたのだ。

それでは、山東省の日本軍は八路軍の攻勢にどのように対抗したか。

山東省で毒ガスや細菌を使った激しい掃討戦を繰り返した第五九師団が、米軍上陸に備え、華中以南の沿岸警備に転用される計画だったことは前述した。彼らが山東省から離れると、同省で八路軍と戦う主力部隊はいなくなる。さらに、四月五日、ソ連が四一年四月に締結した日ソ中立条約を一方的に破棄。中国方面へのソ連軍進攻の危機が急速に高まっていく。八路軍の反攻に対処する余裕はまったく残っていなかったのだ。

米軍だけでなく、ソ連軍の新たな動きを受け、支那派遣軍はこれまでの計画を見直す。すなわち、第五九師団をそのまま山東省に留め、同師団、独混第五・第九両師団、独歩第一旅団からなる第四三軍を創設し、新たな作戦計画を立てた。第五九師団の沢登参謀によると、その計画は次のとおりだ。

一、北支那方面軍をして北支要域を確保し、概《おおむ》ね九月末までに山東半島方面における対米作戦準備を概成すると共に、関東軍と策応し、概ね九月末までに対ソ作戦準備を概成せしむ。また第五十九師団、第六十三師団、第百十七師団を速かに南満州および北鮮に派遣し、関東軍の隷下に入らしむ。

二、第四十七師団（弾兵団、弘前《ひろさき》師団甲装備）を速かに済南に派遣し（第四七師団は湖南省にいた―引用者注）、第四十三軍の隷下に入らしむ。（「第五十九師団の北鮮への転進と終戦前後」、『衣七期生の記録』所収）

第四三軍は作戦計画に従い、済南に米軍上陸に対抗するための陣地を構築していく。これと同時に、同地域の治安を確保するための粛正作戦を実施する。この戦いは同軍の別名が秀《しゅう》嶺《れい》部隊だったことから、秀嶺一号作戦（秀嶺作戦）と称された。

その作戦はどのようなものであったか。臨清《りんせい》駐屯の独歩第四二大隊歩兵砲中隊付として戦いに参加した真壁秀松《まかべひでまつ》は当時をこう振り返る。

（戦場まで移動中に小休止して―引用者注）兎に角、砲を馬の背から下ろし、水を与える準備が始まった。何の気なしに習慣的に眼鏡を出し前方の山を見ると、皇協軍か保安隊がわんさと見える。左も右も一杯だ。こんなに皇協軍や保安隊が居る筈がない。「これは敵だ」と直感した。物凄い数だ。（引用者中略）

敵もこちらの動きを察知し、旅団司令部後方から攻撃をしかけ戦闘は開始された。砲の射撃準備を待つ間、私は状況を見ていた。四方八方敵だらけ、魯中軍区の八路軍が集合し攻撃をかけて来たようである（約四万四千）。

旅団司令部が傾斜台地を上る《ママ》途中、敵が後方の山から猛射してくる。敵の仕掛けた罠にまんまとはまった。

眼鏡で見ていると、「あっ」という間もなく旅団長が倒れる。司令部が慌てふためく、砲は敵の層の厚い方向を四方八方狙い撃ちする。

旅団行李《こうり》の放馬が始まると、協力保安隊がどっと逃げだす。旅団にしても我が大隊にしても、指揮系統、命令系統が乱れたのは全く烏合の衆と言ってよく、全く処置なしである。（「十九秋渤海作戦と秀嶺一号作戦」、同右所収）

兵力や士気の面でも、日本軍はまったく八路軍になすすべがなかったのだ。済南の陣地構築も、治安の問題以前に資材の不足により作業が容易に進まなかった。

第五九師団は七月、万里の長城を越えて満洲に入り、関東軍に組み込まれる。そして、対ソ戦準備のため北朝鮮に進んだところで終戦。師団将兵はソ連軍の武装解除を受け、シベリアへ抑留されたのである。

終戦にならなかった華北戦線

八月一五日朝、南京の支那派遣軍総司令部に出務した岡村は、正午に天皇からのラジオ放送があるという大本営からの知らせを確認する。一〇時一〇分、「陸機密電第六八号」を受領。天皇がポツダム宣言を受諾する親裁をし、全軍はその意向に従うよう伝えられた。

総司令部の広場で整列して「玉音放送」を聞き終えた岡村は午後、同軍全将兵に対し次の訓示を行う（『岡村寧次大将資料　上巻』）。このなかで彼は、天皇の「聖断」を受け入れるとともに、「派遣軍将兵宜《よろ》しく闘魂を消磨すること無く、愈々《いよいよ》厳粛なる軍紀の下、鉄石の団結を堅持し、一途の方針に基づき、夫々《それぞれ》新任務の完遂に邁進すべし」と、軍紀を保ち、命令する新しい任務に取り組むよう命じた。

午後三時頃、岡村は官舎に帰り黙想する。同日の日記には「予は不求生不求死の境地に在るべく決心す」（同右）と記す。岡村は、阿南惟幾《あなみこれちか》陸軍大臣が自死し、鈴木《すずき》貫太郎《かんたろう》内閣が総辞職したことを知るが、敗戦という現実のなかで、多くの支那派遣軍将兵と日本居留民を残したまま彼は死ぬことも辞めることもできない。そのやり場のない思いが、日記の一行に吐露されていたのだ。

この日、戦勝者となった蔣介石は、重慶で抗日勝利の宣言をするとともに、「以徳報怨《いとくほうおん》

（徳をもって怨《うら》みに報いる）」で知られる演説を行う。すなわち、長く戦った日本軍に暴力で仕返しせず、戦争の責任を問わないとしたのだ。

これは、蔣介石および彼の側近の多くが、若い頃日本に留学しており、日本の実情を知っていたこと、蔣ら国府軍の幹部が岡村と親しい間柄にあったという背景がある。だが、いちばんの理由は、日本軍を許してしばらく中国に留めておくことで、すでに華北で強大な勢力となっていた八路軍の動きを抑えるためだった。

一六日夜七時、岡村は隷下全将兵に自衛の戦闘行為以外の即時戦闘停止を命じた。これにより、盧溝橋事件から約八年、満洲事変から数えるとおよそ一四年続いた日本の中国侵略は、幕を閉じるのである。

一方、このとき華北の戦場は、いったいどうなっていたか。河北省邯鄲《かんたん》で終戦を迎えた独混第一旅団竹浪（大隊長竹浪正静大尉）大隊の原田《はらだ》良雄《よしお》は、八月一四日、竹浪から日本が窮地に陥って無条件降伏をする可能性があることを告げられる。彼は竹浪の命令を受けて、大隊本部に急行し、置いてあった機密書類をすべて焼却した。軍事機密が中国側に知られ、戦後処罰の対象にならないようにするためだ。

翌一五日、降伏の知らせを受けた彼は、三〇日になって大隊本部に移り、国府軍の接収が終わるまで兵営の衛兵を務めた。接収にあたったのは、敗戦前まで大隊とともに戦っていた傀儡軍の兵だ。彼らは日本軍の手を離れるとすぐ国府軍の一員となっていたのである。

同じく、独混第一旅団の香川義昌《かがわよしまさ》も一五日、日本が降伏したことを知る。そのときの司令部内の様子を次のとおりに振り返る。

その時感じたことは、これで誰も故郷へ帰れるというホッとした気持と、これまでのさまざまな苦労はいずれも無為に終ったのかというような複雑なものであった。司令部の中には、こんな馬鹿なことがあるものか、どこまでも抗戦せねばならぬと主張する一部の将校もあった。(「常に死の危険　八路軍との戦い」、『従軍回顧録』所収)

敗戦という現実を前に、戦場の将兵らは安堵《あんど》し、憔悴《しょうすい》し、それを受け入れずさらに血をたぎらせたりと、様々な反応をみせていたのだ。

その後、香川は原田と同様、国府軍が接収に現れるまで守備を続ける。彼が帰国したのは敗戦から九ヶ月後の四六年五月四日のことだった。

山西省南部の陽城《ようじょう》で終戦の日を迎えた独歩第一四旅団の伊東章次は、当時をこう語る。

昭和二十年八月十五日、敗戦の詔勅下る。しかし、一般の兵士はそれを知らず、二

～三日してから終戦という言葉でそれを知らされた。信じ難いことであり、また、呆然とすることであった。（「遙かなる大行の山波の中で―独立歩兵第十四旅団について」、『歩兵第二百二十聯隊』所収）

その後まもなく、伊東の部隊はそこから北へ一五〇キロメートルほど進んだ沁県《しんけん》に移動し、武装解除されないまま、国府軍の友軍として守備につく。ところが、彼らはたちまち八路軍に包囲され、次の危機に直面する。

共産軍の包囲により輸送路が途絶えたため、食糧は極度に不足し、自給自足しなければならなかったが、それにも限度があり、ついには馬糧まで食用に供し、数十粒を岩塩のみで味付けした汁の中に入れ、それを一日に二回、一回に一椀だけをすすり、起床は午前十時、就寝は強制的に午後四時ころという状態になってしまった。
栄養不足を補うため、自活手段として、かつての敵性地区に侵入し、食糧徴発の決死隊を順次に募り、ようやく飢をしのいだ。（同右）

終戦とは名ばかりで、華北では八月一五日以後も命をかけた戦いが続いていたのである。

おわりに

山西省に留まりたい日本軍と留めたい閻錫山

独混第一四旅団のいた山西省には、終戦時、日本軍将兵約五万八〇〇〇人、居留民およそ二万七三五〇人が残っていた。現地で日本側の責任者を務めたのが第一軍司令官の澄田睞四郎《すみたらいしろう》中将だ。

日本のポツダム宣言受諾の一報が山西省にまで伝わると、梁延武《りょうえんぶ》が太原《たいげん》の第一軍司令部を訪れ、澄田に面会を求めた。山岡《やまおか》参謀長とともにこの席に居合わせた山西省政府顧問補佐官の城野宏《じょうのひろし》は、このときのことを、自伝『山西独立戦記』（本節以下断わりなければ、引用は同書より）でこう振り返る。

梁は「これまではそちらからいろいろ御世話になったけれど、今度はわれわれが十分御世話できる。閻長官は、日本人に対しては非常な好意をもっているのだから、今後のことについては安心しておってほしい。これは特に閻長官から十分皆さんに了解してもらうようにといわれてきている」と言った。

梁が帰ると、澄田は私に、「これからは、きみが長いこと蓄積してきた中国側との関係を充分活用してもらう時が来た。頑張ってくれ」と言った。もちろん私はその決心だった。

これはどういうことか。城野は以前より次のような懸念を抱いていた。

日本の経済的復興には、非常な困難のあることは予測できた。戦火に廃墟と化し、軍事産業一本に突進んできた工業を再建するには、人間の多大の努力を必要とするが、このことは日本人たるもの、きっとやりとげる決心も、力もあると確信していた。しかし工業再建の核心ともなるべき燃料が問題だと思った。日本国内の石炭資源だけにたよって、日本の復興経済の燃料が間に合うなど、とうてい考えられなかった。戦時中、満州、華北、朝鮮で約六千万トンの石炭を掘り出して、日本の戦時産業を支えてきた。それが敗戦後まったく一塊のこさず、こつ然と日本への供給から切断されてしまうのである。

この問題を、城野は日本が敗戦の色が濃くなるなか、山岡ら第一軍参謀らと協議した。そして、あるひとつの結論に達したのである。城野は言う。

このように山西は膨大な富源を有しており、もし山西を我々の手に確保することができれば、満州、朝鮮を失っても、これを償って余りあるものが得られるのである。戦時中は、資金、機材とも日本からまわす余裕がないため、これらの大富源の開発は思うようにはできなかったが、戦後平和な環境の中で、技術者と機械を入れて開発、建設を行なうならば、日本の必要とする燃料と製鉄資源は十分に供給することができる。そうすれば、これらの核心的経済資源を他国におさえられて、身動きのとれぬ状態に陥ることがないようにできる。

居留民のなかには山西省の工場に勤務した技術者がおり、彼らを留めて残った機械を動かせば資源が手に入り、日本の復興に役立てられる。

さらに、「閻錫山と提携して日本人勢力を保存し、彼の政治的、経済的利益を結びつけ、膨大な山西の資源の開発建設を進めてゆくならば、国民党中央政府がなんといおうと、その干渉をはねのけて、日本復興への支援ができる十分の可能性があると思った。ただ、傾向《ママ》とか技術者とかが少数残ってみたところで、やはり彼等は使用人であり、政治的な発言力にはならない。なったにしても大して強力なものではない。どうしたら強力な発言権と控制力をもった政治勢力として存在できるか、これは百方考えをめぐらしても、なかなか解答のでてこない問題であった」。

城野らは、確たる答えを見いだせないまま終戦となる。諦《あきら》めそうになったそのとき、彼らの目の前に現れたのが閻錫山《えんしゃくざん》に遣わされた梁延武だった。

この直前まで続けられた第三次対伯工作は、日本の敗北により無意味となる。だが、閻がもっとも恐れていた、戦後の山西省をめぐる八路軍との本格的な戦いは、これでいよいよ始まろうとしていた。これに勝つために、閻は是が非でも日本を「御世話」して、味方に引き込む必要があったのだ。

日本軍に騙された「蟻の兵隊」

八月末、閻錫山は孝義《こうぎ》から太原へ戻ると、日本人居留民数百人を集めて、山西省に引き続き留まってほしいと訴えた。また、日本軍に対しても、そのまま山西省に残るよう要請したのである。

城野によると、このとき日本軍と閻側で合意された約束は次のようなものだった。

一、日本軍は閻錫山の希望にこたえ、日本軍人をもって部隊を編成し、これを閻の指揮下に入れるようにする。その方法は、日本人の自願ということにして、原《マ》地《マ》除隊の手続をとり、日本軍側としての復員手続をすませてしまう。
二、閻錫山は留用日本軍人に対し、全員将校として待遇し、日本軍現階級より三階級を昇進させる。
三、全員宿舎を給し、営外居住を許す。
四、待遇は招聘者として優遇する。
五、契約期間はとりあえず二ケ年とし、帰国には閻側で責任をもつ。
六、日本との交通恢復とともに、日本からの家族の呼寄せ、家族への送金等の便宜をはかる。中国婦人との結婚は大いに歓迎する。

日本軍に所属したまま彼らを山西軍に入れることはできない。よって、まずは現地除隊と復員の手続きをとって、一般の居留民と同じ身分にする。そのうえで、彼らを技術者と同じく留用させるが、待遇はすべて日本軍将校と同じくし、かつ三階級も進級させるというのだ。九月、閻は太原の第二戦区司令長官部内に、合謀社《ごうぼうしゃ》という名の留用の業務を行う組織を設置。梁が責任者を務め、城野は軍事組長として山岡らと、残存する日本軍将兵を取りまとめる役を担った。

では、彼らはどのようにして集められ、閻錫山のもとで戦うことになったか。残留兵のひとりで、終戦時独混第三旅団独歩第九大隊長を務めていた相楽圭二《さがらけいじ》の回想「独立混成第三旅団の山西残留について」(『終戦後の残留第一軍(独混三旅団)残留特務団実録』所収)をもとに、同旅団の例をみていこう。

独混第三旅団は独歩第六大隊から第一〇大隊までの五個大隊を主力とし、司令部のある山西省北部の崞県《こうけん》(現原平《げんぺい》県)を拠点に、終戦時同蒲《どうほ》線および沿線の鉱山や工場などの日本権益を守備していた。その任務は終戦後も続く。

四六年一月、残留していた第一軍将兵の代表者が太原に呼ばれ、閻錫山から「第二戦区特務団官兵待遇弁法」が示された。特務団(残留特務団)とは、留用される彼らが所属する部隊のことだ。

同じ頃、山岡ら第一軍参謀が太原に「戦犯世話部」を開設。これはすでに戦犯容疑者として閻側に勾留《こうりゅう》されていた澄田ら第一軍幹部への応対を任務とした。だが、それは表向きで、実際には合謀社とともに、特務団を組織する取りまとめ役を担う。

同月下旬、崞県の旅団司令部で各隊長らを集めた会議が開かれる。ここで旅団長の山田三郎少将は隷下の各隊長に対し、旅団長命令として、次の三つを伝えた。すなわち、（1）第一軍は閻錫山の要請で、山西省残留のための約一万人の特務団の編成を考えている。（2）旅団は軍命令に基づいて特務団要員を募集し、歩兵・砲兵・工兵・通信兵を含む一個団（聯隊相当）の編成を担当する。（3）各隊はそれぞれ一個中隊規模の特務団要員を募集し、三月末までに崞県近くの原平鎮に派遣して、高級参謀の今村方策《いまむらほうさく》大佐（六月より独歩第三大隊長）の指揮に入れる。

通常、旅団など作戦部隊の命令は、その上部の司令部、この場合だと、第一軍や北支那方面軍の方針や計画に基づいて発せられ、旅団長が勝手に命じることはできないはずだ。この山田の旅団長命令は、いったいいかなる経緯のもとに出されたのだろうか。

この山西省残留兵の問題について取材した池谷薫《いけやかおる》によると、この頃、山岡は北京にあった北支那方面軍司令部を訪れ、第一軍から相当数の残留部隊を編成したい旨を申し出た。これに対し、軍司令官の根本博《ねもとひろし》中将は、天皇の命令が復員であるため、それに背くことはできないとして、いったんは山岡の求めを拒否した。ところが、第一軍を受降した閻が強く求めているることを敗者側は拒めないだろうと、結局は了解したという。

このように、あらかじめ北支那方面軍側の許可を得たうえで、旅団長命令は発されていたのだ。

なお、蔣介石も日本軍将兵の残留と技術者の留用について、終戦直後は認めていたものの、閻の動きを察して禁止する。だが、閻はそれを無視して計画を進めていく。閻が自らの影響力を山西省に残すためにいかなる手段も辞さなかったことは、第四章で明らかにしたとおりだ。

相楽の回想に戻る。山田が旅団長命令を告げたあと、今村が話し始める。第一軍将兵約一万人を山西省に残留させて特務団とすることは、「戦勝国側閻錫山長官の、我が第一軍に対する命令である。その目的とするところは、強大な我が日本軍の戦力に頼って共産軍の進出を阻止し、併せて、戦争中、日本軍が占有し、拡大してきた山西省の尨大《ぼうだい》な地下資源と勝れた工・鉱業施設その他の産業を発展させることにより、中国国内建設に利用するものである」と、まず特務団編成の目的を明確にした。そのうえで、「我々は軍事・経済・技術の各部門でかれらに協力し、貢献する。その上で我々は、その功績にふさわしい報償を、近い将来において、逆に、かれらに要求できる」と、閻側にただ協力するのでなく、のちに自分たちにも報いがあるとして、残留することの意義を強調したのだ。

その日本側が求める「ふさわしい報償」とはいったい何なのか。今村は言う。

我々が熱望するのは、無条件降伏によって危殆《きたい》に瀕《ひん》している天皇制をあくまで護持することであり、焼野原と化した祖国日本を、早く復興させるということに外ならない。天皇制護持と祖国復興――この二つの悲願を、我々は中国側に訴え、やがて強大になるであろう中国の国際的発言力に頼って、その実現を図るのが、賢明な近道なのだ。(「独立混成第三旅団の山西残留について」、『終戦後の残留第一軍(独混三旅団)残留特務団実録』所収)

さらに、「支那派遣軍のうち、最も奥地にいる我が第一軍が、一番おそくまで、復員輸送からとり残されている現状を、居留民輸送と共に解決できる条件となる」。「澄田軍司令官以下勾留されている我々の上官、僚友の戦犯容疑者を、我々は救うこともできる」。天皇制護持と祖国復興、居留民と上官の救出。これらは明治以来「天皇の臣民」であると教えられた日本人であり、かつ上官に絶対服従の日本軍人でもある彼らにとって、もっとも望むべき「ふさわしい報償」だったのだ。

相楽によると、「以上の今村高級参謀講話は、同大佐が宮城県出身で、今村均《いまむらひとし》大将の実弟であることも、独混三旅団将兵の残留に、特別大きな影響力があった」という。

今村均は、第八方面軍司令官として南洋のニューブリテン島ラバウルで終戦を迎え、戦後、自ら願い出て部下とともにニューギニアの監獄で刑に服したことで知られる。以前から日本軍内で名将の呼び声の高かった今村大将の弟の発することばには、上官の誰よりも心を打つ説得力があったのだろう。山田がそれを見越して今村に彼らを託したのかはわからない。なお、山田は旅団主力の復員の任務があるという理由で残留しなかった。

会議終了後、各隊の大隊長や中隊長らは所属の将兵に対し、残留を求める説得を始める。相楽によると、その実態は「部隊の将兵にとって、参謀長あるいは高級参謀の『指示』なるものは隊長の命令に等しく、中隊長や中隊人事係から、『お前も残れ』と云われた説得もまた、上官命令そのものだったのである」。残留の説得を受けた将兵にそれを拒否する選択肢は事実上なかったのだ。

これを要するに、残留して山西軍に参加した将兵は、すべて日本軍人の身分を以て、軍命令に基づいて行動したのである。残留将兵が「現地除隊」の措置をとられたことなど、いつ、どこでそうされたのか、誰一人として知る由もなかった。(同右)

現地除隊とは復員作業のひとつで、戦闘が終わった将兵は現地で武装解除のうえで除隊し、軍務が解かれる。相楽によると、彼らは四六年三月まで武装解除を受けなかったという。まさに特務団を結成するために将兵らが説得をされている最中だ。

復員業務を担当する厚生省援護局が六一年一二月に作成した「北支那方面部隊略歴（その2）」（防衛研究所戦史研究センター所蔵）によると、独歩第九大隊は四五年八月一八日に復員の命令が下され、九月二〇日に兵器の接収、四六年四月二二日に被服や糧秣《りょうまつ》などの物品がそれぞれ接収されている。

相楽の回想に従うなら、残留に応じた大隊の将兵らは、大隊がすでに復員の措置をとっていることを知らされていなかった。彼らは終戦後も軍命として残留したと信じていたのである。彼らは日本軍に騙《だま》されていたのだ。このことは、後々まで彼らを苦しめていく。

なお、相楽らかつて独混第三旅団に所属していた残留兵は、戦後に手記を刊行するにあたり、自分たちのことを自嘲《じちょう》的に「蟻の兵隊」と名づけた。これは、上官の命令で残留し、蟻のように黙々と行動したという意味である。

だが、この名前にはもうひとつ意味が込められていたといえよう。すなわち、彼らは除隊した民間人でなく、たとえ「蟻」であってもあくまで軍命によって残留した「兵隊」であるということだ。

残留兵は一般引揚者にされた

四六年二月から三月にかけて、上官らの説得で残留を決めた旅団将兵が完全武装のまま原平鎮に集まる。その数はおよそ二〇〇人。陸軍省調製「第一軍編制人員表」（防衛研究所戦史研究センター所蔵）によると、四五年一月末の段階で、独混第三旅団の総兵力は四三五八人。終戦までの戦闘である程度の兵力を失ったことを割り引いても、残留した総数は決して多くない。

独歩第七大隊第四中隊で曹長だった残留兵の橋本三朗《はしもとさぶろう》は、「私の残留する迄の決意と其の後について」（『終戦後の残留第一軍（独混三旅団）残留特務団実録』所収）で、当時の状況をこう述べる。橋本は、中隊長が残留工作のために部隊を留守にしている間、中隊内の残留希望者の取りまとめの作業を任されていた。

旅団司令部及び各隊は復員のため山西省を去って行った。そんな中で残留者の間からも帰国を希望する者が続出しはじめ、帰国準備のためリュックサック造りをする者、身辺の整理をする者等の姿が目立ってきた。こうした状況を察知した今村参謀は残留する者を集め、日本軍は必ず復活して再び中国にやって来る、その時のためにこの山西にしっかりとした基地をつくって置かなければならない。我々はその礎《ママ》えとなるため赤穂浪士のように四十七人になってもその任務を全うしよう、などと訓示を行い残留者の結束を呼びかけた。私はそのようないわゆる残留理念なるものを信じたことと、又一方では今まで熱心に残留工作を行い、自らも残留を決めていた中隊長が急に帰国することになり、中隊のなかから数名の残留者が居ると云う状態の中で私自身責任上残らざるを得ないはめとなったことも又事実であった。

前述のとおり、旅団司令部は将兵を残留させるにあたり、天皇制の護持・祖国復興・居留民と上官の救出という大義名分を掲げて説得にあたった。しかし、熱心に呼びかけた隊長らが彼らと残留せずにいち早く帰国する姿を見て、残留しようとした将兵らの決意は崩れていく。そして、わずかに残ったのは、大義名分を素直に信じた者と、仲間を犠牲にしたくないという責任感の強い者だけだったのだ。

原平鎮に残留兵が集まると、今村は情勢の変化を理由にいちど解散し、再び残留の手続きをとると発表した。独歩第七大隊第二中隊から残留した太田弘《おおたひろし》（「私の残留より解放まで」、同右所収）によると、「この解散は最初から計画的であり、後で責任を追及されても差し支えのないように解散して、全日本人をだます必要が彼等にはあった」と述べている。おそらく、現地除隊の手続きだったのではないか。

彼らは手続きを終えると、四月、今村のもとで特務団（今村隊）として編成される。同隊ははじめ、表向きには鉄道や道路の修復を行う部隊と称してその身分を隠し、密《ひそ》かに山西軍に対する軍事訓練を実施した。

それも束の間、七月、八路軍が崞県を襲って占領したのだ。すぐ近くの原平鎮も、このままだと彼らの襲撃を受ける。だが、今村隊には彼らを撃退できるだけの戦力はない。ひとまず、同隊は原平鎮より同蒲線沿いに南へ四〇キロメートルほど下った忻州《きんしゅう》(忻県)に本拠地を移す。ここにも八路軍は迫ったが、今村隊の必死の抵抗により退いた。

秋になると、今村隊は趙承綬を総司令とする保安総隊に編入され、忻州周辺で八路軍に対する粛正作戦を実施する。山西軍のもととはいえ、彼らのやっていることは戦時中と何ら変わらなかった。なお、橋本によると、九月、作戦のさなかに山西軍が日本軍の残した毒ガスを使用していたという。

終戦から早二年近くがたとうとしていた四七年七月、閻錫山は山岡らに命じて、今村隊をはじめとする、山西省に残留している日本兵をすべて合わせ、山西軍暫編独立第一〇総隊を編成する。総隊司令は今村。日本人兵力は総勢二六〇〇人だ。同隊は山西軍主力とともに粛正作戦を続ける。

四八年七月、第一〇総隊は、山西省中部の楡次《ゆじ》(現晋中《しんちゅう》市)付近で、八路軍より改称した中国人民解放軍(以下、解放軍)に包囲され、壊滅的打撃を受けた。

残留兵の加藤弘《かとうひろし》は、このときの解放軍の様子を次のように振り返る。

俺、その時八路軍《ママ》を見て驚いたなよ《ママ》。昼は農民になりすまし、夜になるとゲリラ部隊になって日本軍に攻撃してきたが、山西軍と戦う時は若者が多く、しかも立派な制服を着てアメリカ製の武器を持ち、統一された組織になっていた。とても山西軍が勝てる見込みなどなく、降伏した。（『生き残った元日本兵　戦争証言１１０』所収）

いくら精鋭の残留日本兵が加わっていたとはいえ、武装が強化された解放軍には太刀打ちできなかったのだ。

第一〇総隊を撃破した解放軍はそのまま北上し太原に近づく。これに対し、総隊の残部は太原の牛駝寨《ぎゅうださい》高地に陣地を構築し、彼らの襲来に備える。山西省の戦況を知った蔣介石は、西安から一個師を太原に派遣するとともに、空爆によって解放軍の進攻を抑えようとした。

一〇月、解放軍が牛駝寨高地へ攻撃を仕掛けた。そのすさまじい攻撃の様子を、戦いに参加した太田は語る。

翌日、東の空が薄明るくなった時、突然一発の信号弾が、しゅっしゅっと上ったのを合図に、四方、八方の山々から一斉砲撃が開始された。ひゅっひゅっひゅっと鳴って来る迫撃砲弾、頭上に来て鳴り止んだとたんに落下した瞬間、ごまを散らした様に炸烈《ママ》するので実に無気味である。また山砲、野戦重砲、榴弾《りゅうだん》砲などの砲撃も間断なく、三時間も射ち続けられ、背丈もあった壕《ごう》はひざ程に埋まってしまった。この最初の砲撃で半分程の兵隊が戦死した。(「私の残留より解放まで」、『終戦後の残留第一軍(独混三旅団)残留特務団実録』所収)

今村ら、この戦いで生き残ったわずかの兵は太原の東北城外にあった洞窟《どうくつ》陣地に移動し、なおも抵抗を試みる。半年後の四九年四月二四日、太原城内に解放軍が突入すると、今村らは降伏し捕虜となった。同日夕刻、今村は遺書を残して服毒自殺を遂げる。

太原には閻錫山と彼に捕らえられていたはずの澄田ら第一軍の戦犯、ならびに彼らを支えていた山岡もいるはずだった。だが、彼らは太原が陥落する前にそこを離れ、閻は台湾、澄田らは日本に帰国していたのである。

五年余りの中国での抑留生活をへて、中華人民共和国建国後の五四年一〇月、残留兵らは舞鶴《まいづる》港に帰還する。終戦からすでに九年が過ぎていた。太田は言う。

自分達は日本に上陸するまでは復員軍人と信じて来た。だが舞鶴港であなた達は軍人

> ではなく自分の希望で残留したのだから、一般引揚者であるとの解答《ママ》があり、なんらの保障もなく、今日にいたっている。残留した私達は、終戦前に決定していた内容も、また澄田軍司令官の沈黙の意味も、原平鎮で一時解散した企図も何一つ知らず、ただ日本復興の礎となるため、また日本人の帰国が無事に出来るため、誰かが犠牲にならなければと、唯一途な気持で残留し、また命令や脅迫までされて残留したのであって、それが「希望残留である」と、決定されていたとはつゆ知らず死線を歩み続けたのである。そして、帰国後も悪徳澄田にだまされていたことも知らず、今日まで信じて来たのは、本当に残念であると同時に私達は、彼の戦犯のがれと利益のために、あたら青春を犠牲にして来たことを深く認識しなければならない。そして、この山西残留の真相をあばき、同時に私達の身分をはっきりさせなければ、戦後は終らないのである。（同右）

三七年より日中戦争の最中にあった日本人は、太平洋戦争が始まると、アメリカとの戦いに一喜一憂し、中国との戦いを顧みなくなる。そして、終戦後、連合国の占領下で復興を遂げていくなか、再び中国に関心を向けることはなかった。

残留兵らは閻錫山や澄田らに見捨てられたが、実は私たち日本人すべてに見捨てられたのではないか。彼らの真実が明らかにならない限り、日本人の「後期日中戦争」は永遠に終わらないだろう。

（追記―本書校正中に、太田出《おおたいずる》『北支宣撫官　日中戦争の残響』〔えにし書房、二〇二三年〕が刊行された。同書でも城野宏と山西残留兵を取りあげており、その実像について詳細に検討されている。残念ながら、本書ではこの最新の研究成果を反映させられなかったことをお断りしておく。）

華北戦線で日本は完全に敗北した

「後期日中戦争」における華北戦線とはいったい何だったのか。華中戦線と比較しながらまとめたい。太平洋戦争が始まると、イギリス植民地の香港を含む中国南部も戦域となったことから、華中戦線もそれに応じて戦局を変化させていく。開戦直後に実施された第二次長沙《ちょうさ》作戦は、もともと日本軍の香港攻略を有利に進めるための陽動作戦だ（途中で長沙攻略に作戦変更され敗北）。その後の四三年五月の浙贛《せっかん》作戦や、四四年四月からの一号作戦も、太平洋戦争の戦局に引きずられるようにして起きた戦いだった。

一方、華北戦線では百団大戦以後、粛正作戦が特に激しさを増す。「後期日中戦争」期もそれは続き、日本軍は華北政権とともに八路軍を軍事的・経済的に徹底的に追いつめる。八路軍はこれを三光作戦と呼んで非難し、精兵簡政や大生産運動を実施してしのいでいった。山西省では日本軍と閻錫山との間で対伯工作が行われた。この間、日本軍は八路軍の粛正作戦を除き、戦闘を停止する。

閻は日本軍とのやりとりのなかで、停戦に前向きな姿勢をみせていく。これに対し、蔣介石は強い態度でその動きを止めようとする。

このとき始まったのが太平洋戦争だった。閻はこれで日本は敗れると判断し、対伯工作から手を引く。「後期日中戦争」が華北戦線にも大きな変化を及ぼした瞬間だ。日本軍は改めて閻との戦いを始める。

ほかの華北戦線でも、一号作戦で日本軍の主力部隊が華北を離れると、ようやく八路軍による反転攻勢が始まる。戦力の劣った日本軍の守備部隊や傀儡《かいらい》軍はこれに太刀打ちできず、華北戦線は一気に崩壊していく。華中戦線が中国奥地まで戦線が延び、一進一退のまま終戦を迎えたのに比べると、華北戦線は脆《もろ》かった。これは中国側、特に中共の三段階にわたる持久戦が功を奏した結果だ。

太平洋戦争で日本は完膚なきまでに叩《たた》きのめされた。この事実は誰も疑う者はいない。だが、もうひとつ知っておかなければならないのは、「後期日中戦争」の華北戦線も我々は完全に敗北したのだ。このことも認めさえすれば、アジア太平洋戦争に対する我々の歴史認識もさらに正確なものになるであろうし、本書の価値もそれにより見いだされるであろう。

前書に続き、本書の執筆にあたっては、角川新書の岸山征寛《きしやまゆきひろ》編集長にお世話になった。私は昨年四月に現職となり、慣れない職務に悪戦苦闘するなかで、執筆作業が遅々として進まずにいた。そのような苦しい状況のなかでも、岸山さんはときおり私を電話やメールで励ましてくれた。そのおかげで作業も徐々にいつものペースを取り戻すことができた。

また、皇學館大学の長谷川《はせがわ》怜《れい》准教授にも毎度のことながら執筆のアドバイスをいただいた。そのおかげで、不格好な私の文章も少しはまともになったはずだ。さらに、弊学文学部歴史学科の河村謙太《かわむらけんた》くんには一読者の視点で通読してもらい、忌憚《きたん》のない意見を言ってもらった。おかげで気づかなかった間違いや検討する点を見つけることができた。お三方には、この場を借りて厚く御礼申し上げる。

本書関連年表

年	月	おもな出来事
1940	春頃	第二次対伯工作の開始
	八月	百団大戦（～一二月）
1941	三月	治安強化運動の開始（四二年一二月まで計五回）
	五月	中原会戦
	九月	汾陽協定の成立
1942	二月	第三次魯中作戦（～八月）
	五月	安平会議
		冀中作戦（～六月）
		田家会の戦い
	六月	中美抵抗侵略互助協定の成立

年	月	おもな出来事
1942	一二月	太平洋戦争開戦
		館陶事件
1943	三月	『中国之命運』出版
	四月	一八春太行作戦（～五月）
	五月	清豊事件
	七月	胡宗南軍が延安を包囲
	九月	一八秋魯西作戦（～一〇月）
	一二月	カイロ宣言
1944	四月	京漢作戦（～五月）
1945	四月	任河の戦い（～五月）
		中共七全大会（～六月）

1945	五月	文新の戦い
	六月	子牙河東部の戦い（～七月）
	七月	大清河北部の戦い
	八月	第三次対伯工作で北支那方面軍と閻錫山が会見
		終戦
1946	四月	第一軍の残留日本兵によって特務団結成
1947	七月	山西軍暫編独立第一〇総隊結成
1948	一〇月	第一〇総隊が牛駝寨高地で人民解放軍に敗れる

参考文献一覧

・並びは著者の五十音順。同じ著者の場合は、発行年の古い順。著者が不明確な場合は、資料名または書名のみを掲載した。
・版数は省略した。

未公刊資料

上坂勝「自我総結」、「日本の侵略の真実を伝える公文書―日本人戦犯45人の自筆供述書を公表―」、『人民網』、http://j.people.com.cn/n/2014/0707/c94474-8752080.html
第十二軍「東平湖西方剿共作戦経過概要　第三次魯中作戦経過概要」、防衛省防衛研究所戦史研究センター所蔵、アジア歴史資料センター、Ref:C13070342800
北支那方面軍・第一軍司令部複写・第三十六師団司令部複写「軍事極秘　別冊第一　館陶事件ノ概要ニ就テ」、一九四三年二月一〇日、防衛省防衛研究所戦史研究センター所蔵、アジア歴史資料センター、Ref:C13032268900
厚生省援護局「昭和三十八年三月一日　北支那方面部隊略歴（その2）」、防衛省防衛研究所戦史研究センター所蔵、アジア歴史資料センター、Ref:C12122433000

佐藤千徳「昭和一八・五　清豊事件（北支）」、防衛省防衛研究所戦史研究センター所蔵
沢登貞行「第五十九師団（衣兵団）の沿革とその作戦警備の概要について」、防衛省防衛研究所戦史研究センター所蔵
陸軍省調製「第一軍編制人員表」、防衛省防衛研究所戦史研究センター所蔵、アジア歴史資料センター、Ref:C12120992300
「支那事変大東亜戦争　第百十師団歩兵第百六十三連隊第三大隊関係戦斗詳報（保定蠡県地区）（昭一五～一七）」、防衛省防衛研究所戦史研究センター所蔵
「対伯工作（北支那方面軍参謀堤寛資料）S20」、防衛省防衛研究所戦史研究センター所蔵
「北支の対共戦について　昭和16～17年」、防衛省防衛研究所戦史研究センター所蔵

日本語文献【書籍】

有賀貞『国際関係史　一六世紀から一九四五年まで』、東京大学出版会、二〇一〇年
粟屋憲太郎ほか編『東京裁判資料・田中隆吉尋問調書』、大月書店、一九九四年
飯島渉『感染症の中国史—公衆衛生と東アジア』、中央公論新社、二〇〇九年
池谷薫『蟻の兵隊　日本兵二六〇〇人山西省残留の真相』、新潮社、二〇〇七年
石切山英彰『日本軍毒ガス作戦の村—中国河北省・北坦村で起こったこと』、高文研、二〇〇三年
石島紀之『中国抗日戦争史』、青木書店、一九八四年
伊藤桂一『「衣兵団」の日中戦争』、光人社、二〇〇七年

伊藤桂一『兵隊たちの陸軍史』、新潮社、二〇〇八年
伊藤隆・照沼康孝編『続・現代史資料4　陸軍　畑俊六日誌』、みすず書房、一九八三年
稲葉正夫編『明治百年史叢書　岡村寧次大将資料　上巻―戦場回想篇』、原書房、一九七〇年
今井武夫『昭和の謀略』、朝日ソノラマ、一九八五年
井本熊男『作戦日誌で綴る支那事変』、芙蓉書房、一九七八年
臼井勝美編『現代史資料13　日中戦争5』、みすず書房、一九六六年
江口圭一・芝原拓自編『愛知大学国研叢書1　日中戦争従軍日記―輜重兵の戦場体験―』、法律文化社、一九八九年
塩英哲編訳・鵜野恰平編『精選　中国地名辞典』、凌雲出版、一九八三年（底本は劉鈞仁『中国歴史地名大辞典』、凌雲書房、一九八〇年）
大澤武司『毛沢東の対日戦犯裁判』、中央公論新社、二〇一六年
笠原十九司『日本軍の治安戦―日中戦争の実相』、岩波書店、二〇一〇年
笠原十九司『日中戦争全史』上・下、高文研、二〇一七年
加藤正編『従軍回顧録』、従軍回顧録編纂委員会、一九七〇年
菊池一隆『日本人反戦兵士と日中戦争―重慶国民政府地域の捕虜収容所と関連させて―』、御茶の水書房、二〇〇三年
木坂順一郎『昭和の歴史　第七巻　太平洋戦争』、小学館、一九八二年
熊谷直『《詳解》日本陸軍作戦要務令』、朝日ソノラマ、一九九五年

興晋会在華業績記録編集委員会編『黄土の群像』、興晋会、一九八三年
衣七期生の記録刊行委員会編『衣七期生の記録』、私家版、一九八七年
斎藤邦雄『陸軍歩兵よもやま物語』、光人社、一九九七年
阪野吉平『生き残った元日本兵　戦争証言110』、新風舎、二〇〇五年
宍戸寛・内田知行・馬場毅・三好章・佐藤宏『中国八路軍、新四軍史』、河出書房新社、一九八九年
蔣介石著・波多野乾一訳『中国の命運』、日本評論社、一九四六年
城野宏『山西独立戦記』、雪華社、一九六七年
勝友会『第六十九師団〈勝〉独立歩兵第八十五大隊第二中隊　第五独立警備隊〈至隆〉独立警備第二十五大隊第二中隊　大東亜戦争　従軍回顧録』、私家版、発行年不明
竹内照夫『四書五経入門』、平凡社、二〇〇〇年
中央大学人文科学研究所編『日中戦争』、中央大学出版部、一九九三年
中国帰還者連絡会・新読書社編『侵略』、新読書社、一九五八年
中国帰還者連絡会編『新編　三光　第1集』、光文社、一九八二年
日中戦争史研究会編訳『日中戦争史資料―八路軍・新四軍』、龍渓書舎、一九九一年
波多野澄雄・戸部良一編『日中戦争の国際共同研究2　日中戦争の軍事的展開』、慶應義塾大学出版会、二〇〇六年
馬場毅『日中戦争と中国の抗戦―山東抗日根拠地を中心に』、集広舎、二〇二一年
「姫路歩兵第百三十九聯隊史」刊行委員会編『姫路歩兵第百三十九聯隊史』、私家版、一九八五年

姫田光義・陳平（丸田孝志訳）『もうひとつの三光作戦』、青木書店、一九八九年
平泉澄監修『歴史残花（五）』、時事通信社、一九七一年
平塚柾緒編・太平洋戦争研究会著『証言　我ラ斯ク戦ヘリ　兵士たちの戦争秘話』、ビジネス社、二〇二一年
広中一成『「華中特務工作」秘蔵写真帖―陸軍曹長梶野渡の日中戦争』、彩流社、二〇一一年
広中一成『傀儡政権　日中戦争、対日協力政権史』、KADOKAWA、二〇一九年
広中一成『後期日中戦争　太平洋戦争下の中国戦線』、KADOKAWA、二〇二一年
藤田豊『春訪れし大黄河　第三十七師団晋南警備戦記』、防衛弘済会、一九七七年
藤田豊『夕日は赤しメナム河　第三十七師団大陸縦断戦記』、防衛弘済会、一九八〇年
藤原彰『中国戦線従軍記―歴史家の体験した戦場』、岩波書店、二〇一九年
平和祈念事業特別基金編『軍人軍属短期在職者が語り継ぐ労苦8（平和の礎）』、平和祈念事業特別基金、一九九八年
防衛庁防衛研修所戦史室編『戦史叢書4　一号作戦〈1〉河南の会戦』、朝雲新聞社、一九六七年
防衛庁防衛研修所戦史室編『戦史叢書18　北支の治安戦〈1〉』、朝雲新聞社、一九六八年
防衛庁防衛研修所戦史室編『戦史叢書50　北支の治安戦〈2〉』、朝雲新聞社、一九七一年
防衛庁防衛研修所戦史室編『戦史叢書90　支那事変陸軍作戦〈3〉昭和十六年十二月まで』、朝雲新聞社、一九七五年
本庄比佐子・内山雅生・久保亨編『華北の発見』、汲古書院、二〇一四年

山口喜代美編『終戦後の残留第一軍（独混三旅団）残留特務団実録』、残留特務団実録編集委員会、一九八九年
芳井研一『難民たちの日中戦争 戦火に奪われた日常』、吉川弘文館、二〇二〇年
吉田裕編『戦争と軍隊の政治社会史』、大月書店、二〇二一年
『軍隊内務令』、文化堂、一九五三年
『毛沢東軍事論文選』、外文出版社、一九六九年

日本語文献【雑誌記事・論文】

石川照子「米中関係と宋美齢―日中戦争時期の対中支援要請活動をめぐって―」、『大妻比較文化 大妻女子大学比較文化学部紀要』第二巻、大妻女子大学比較文化学部、二〇〇一年三月、二四―四一頁
内田知行「新軍事件―山西省における抗日闘争の転換点―」、『一橋論叢』第七五巻第五号、日本評論社、一九七六年五月、五四五―五六〇頁
立川京一「日本の捕虜取扱いの背景と方針」、『太平洋戦争の新視点―戦争指導・軍政・捕虜― 平成一九年度戦争史研究国際フォーラム報告書』、防衛省防衛研究所、二〇〇八年三月、七四―一〇〇頁
田辺敏雄「『沈黙』が支える日本罪悪史観のウソ」、『正論』通巻二九〇号、産経新聞社、一九九六年一〇月、六二―七七頁

千葉信一「衣四四会が事実と相違する点について証言に至った経緯」、『衣四四だより』、衣四四会本部、一九九七年四月、一一—一二頁
中国現代史研究会・池田誠監訳「肖一平・郭徳宏　抗日戦争期の減租減息『近代史研究』一九八一年第四期（一九八一年十一月）所収」、『立命館法学』第一六九号、立命館大学法学会、一九八三年一二月、四二三—四五七頁
秦郁彦「『世界』が持ち上げる『撫順戦犯裁判』認罪書の読みかた」、『諸君！』平成一〇年八月号、文藝春秋、一九九八年八月、一五八—一六九頁
森川裕貫「蔣介石『中国之命運』の国際的反響」、『東洋史研究』第七八巻第三号、東洋史研究会、二〇一九年一二月、五三二—五六六頁
森久男「蔣介石の対日抗戦戦略と平綏路東段抗戦」、『愛知大学国際問題研究所紀要』第一六〇号、二〇二二年一〇月、一二三—一四一頁

中国語文献

衛道然『衛立煌将軍』、安徽人民出版社、一九八五年
王俯民編著『民国軍人誌』、中国広播電視出版社、一九九二年
郭貴儒・張同楽・封漢章『中国社会科学院中日歴史研究中心文庫　華北偽政権史稿—従〝臨時政府〟到〝華北政務委員会〟』、社会科学文献出版社、二〇〇七年
郭卿友主編『中華民国時期軍政職官誌』上・下、甘粛人民出版社、一九九〇年

河南省中牟県地方誌編纂委員会編『中牟県誌』、生活・読書・新知三聯書店、一九九九年
河北省地方誌編纂委員会編『河北省誌　第75巻　軍事誌』、軍事科学出版社、二〇〇〇年
魏宏運・左志遠主編『華北抗日根拠地史』、檔案出版社、一九九〇年
魏宏運主編『晋察冀抗日根拠地財政経済史稿』、檔案出版社、一九九〇年
姜廷玉・辛平主編『中国抗日戦争簡明図誌』、華文出版社、二〇〇五年
斉武『晋冀魯豫辺区史』、当代中国出版社、一九九五年
山西省史誌研究院編『山西通誌（第二巻）地理誌』、中華書局、一九九六年
蔣緯国総編著『抗日禦侮　第八巻』、黎明文化事業股份有限公司、一九七八年
聶栄臻『聶栄臻回憶録（中）』、解放軍出版社、一九八四年
章伯峰・庄建平主編『中国近代史資料叢刊　抗日戦争　第二巻　軍事（上）』、四川大学出版社、一九九七年
沈強主編『中国抗日戦争画史新編』、外文出版社、二〇一四年
秦孝儀主編・中華民国重要史料初編編輯委員会編『中華民国重要史料初編―対日抗戦時期　第二編　作戦経過（二）』、中国国民党中央委員会党史委員会、一九八一年
晋察冀抗日根拠地史料叢書編審委員会・中央檔案館編『晋察冀抗日根拠地　第一冊（文献選編）』上・下、中共党史資料出版社、一九八九年
晋察冀抗日根拠地史料叢書編審委員会編『晋察冀抗日根拠地　第二冊（回憶録選編）』、中共党史資料出版社、一九九一年